YOUCAT

Libro de catequesis para la Confirmación

MANUAL DEL CATEQUISTA

ihs
יהוה

YOUCAT

LIBRO DE CATEQUESIS PARA LA CONFIRMACIÓN

MANUAL DEL CATEQUISTA

Publicado por
Nils Baer
en colaboración con el equipo
YOUCAT de Augsburgo

EN
CU∃N
TRO

Primera edición: octubre 2015
Decima edición: julio 2025

Traducción española con las debidas licencias del Arzobispado de Madrid
(31 de julio de 2013)

Traducción: Adrián Acosta
Maquetación de la edición española: Antonio Valenzuela

Impresión y encuadernación
COFÁS - MADRID
ISBN: 978-84-9055-111-0
Depósito legal: M-28382-2015
Printed in Spain

Título de la edición original alemana:
YOUCAT Firmkurs Handbuch

Diseño de portada, maquetación, ilustraciones y fotocomposición:
Alexander von Lengerke, Colonia.

Para informarse sobre las obras publicadas o en programa y para propuestas de nuevas publicaciones, dirigirse a:
Redacción de Ediciones Encuentro
Conde de Aranda 20, bajo B - 28001 Madrid
Tel. 915 322 607 - encuentro@edicionesencuentro.com - www.edicionesencuentro.com

ÍNDICE

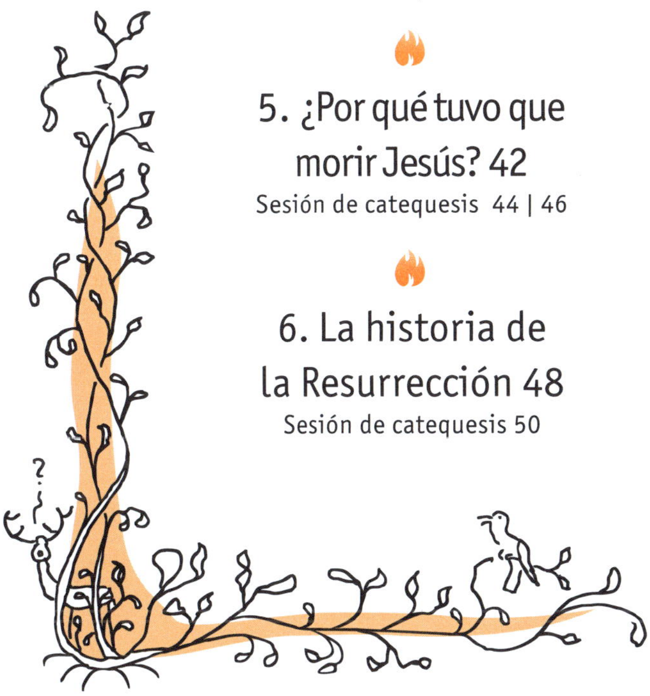

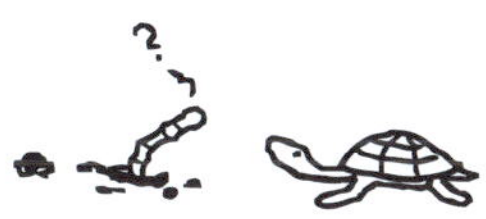

0 ANTES DE COMENZAR

Prólogo

Desde que el YOUCAT comenzó en abril de 2011 su exitosa andadura con unos 2,5 millones de ejemplares impresos, la pregunta que con más frecuencia se nos planteaba no era "¿realmente el Papa es infalible?" o "¿qué tiene la Iglesia en contra de los condones?", sino "¿cuándo sale un curso para la catequesis de Confirmación de manos del YOUCAT?". Pues aquí está.

"Los jóvenes no son tan superficiales", escribió el Papa en su prólogo al YOUCAT. Ellos quieren conocer lo que creen. Por eso, este curso se orienta a los contenidos fundamentales de la fe. Pero ya que a veces se trata de una materia espesa, nos hemos esforzado en dejar espacio también a la diversión.

El papa Benedicto dijo que "la Iglesia está viva y es joven". Y en el YOUCAT resuena con claridad el YOU del inglés. Por eso tuteamos a nuestro lector en este manual sin preguntar. Esto no debe entenderse, de ninguna manera, ni como una falta de respeto ni como colegueo.

El curso de catequesis de Confirmación se compone del Libro de catequesis para la Confirmación del YOUCAT para aquellos que se quieren confirmar y del manual que ahora mismo tienes en tus manos. Ambos libros van de la mano y se complementan. Ambos siguen los mismos doce pasos hasta la Confirmación. Y ambos libros se refieren a los mismos puntos fundamentales de la Biblia y el YOUCAT.

El Libro de catequesis para la Confirmación se dirige directamente a los jóvenes de tu grupo de Confirmación y explica de una manera plástica, como en una novela de doce capítulos, de qué va el curso de catequesis para la Confirmación.

En el manual encontraremos completamente preparadas las doce sesiones de catequesis correspondientes a los doce capítulos del Libro de catequesis de Confirmación. En cada capítulo, además, encontraremos un artículo con los fundamentos teológicos que te proporcionará a ti, como catequista de confirmación, los conocimientos básicos necesarios. En conjunto, el YOUCAT, la Biblia, el Libro de catequesis de Confirmación y el Manual conforman una red compleja, ya que siempre se remiten unos a otros.

Cómo trabajar con este manual

Tamaño del grupo
Durante la preparación de las sesiones de catequesis teníamos en mente a un grupo de unos ocho o diez confirmandos que acuden asiduamente a su grupo.

Material básico
Una Biblia y el YOUCAT son los materiales básicos para este curso de Confirmación.

Materiales para el curso de catequesis de Confirmación con el YOUCAT
Hemos tenido la intención de preparar muchos materiales para ti, como cartas, imágenes y hojas de trabajo. Las encontrarás en el apartado de "Material" al final de cada unidad de contenido. Solo tienes que fotocopiar la página tantas veces como necesites y, en algunas ocasiones, recortarlas.

Audiovisuales y otros materiales de trabajo
Para algunas sesiones necesitarás más materiales que, por cuestiones prácticas, no hemos podido adjuntar, como por ejemplo cuando proponemos ver una película o decorar una vela.

Preparación
Por todo esto, es muy importante que prepares con tiempo tu sesión de catequesis. Esto significa que deberías leerte el desarrollo de la sesión, buscar los textos bíblicos y del YOUCAT y conseguir los materiales necesarios. Irás un poco justo si veinte minutos antes de que empiece tu sesión de catequesis te das cuenta de que necesitas diez velas blancas y materiales para decorarlas de, al menos, nueve colores.

Estructura del manual

Fundamentos teológicos
Este Manual está organizado de tal manera que en cada tema encontrarás, en primer lugar, una introducción que te informa de forma general sobre el tema. No todo lo que ahí se explica lo vas a encontrar luego en el diseño de la sesión de catequesis. En el apartado "Fundamentos teológicos" se trata de que tú recibas una idea fundamental sobre el contenido de este tema.

Diseño de la sesión
Tras la introducción encontraremos, por lo general, dos propuestas concretas de cómo puedes trasladar este tema a tu grupo de catequesis. Puedes escoger aquel diseño que sea más apropiado para tu grupo. La información teológica que sea absolutamente necesaria durante el desarrollo de la sesión se explicará aquí nuevamente y de forma resumida.

Materiales
Al final de cada uno de los capítulos encontrarás el material que hemos preparado para ti. Tendrás que fotocopiarlo y recortarlo, cuando sea necesario.

Libro de catequesis de Confirmación
Este Manual, para ti como catequista, será complementado a través del Libro de catequesis para la Confirmación del YOUCAT para los confirmandos. Todos los temas se explican ahí de una manera entretenida y a veces también analizados desde varios puntos de vista. Para ti como catequista es importante que en la preparación de cada sesión eches un vistazo al Libro de catequesis para la Confirmación. Quizá te puedan venir, con ello, un par de ideas más.

Signos y símbolo

B → 1 Cor 9,24–27 te remite a la Biblia
Y → 203 te remite al YOUCAT

El Libro de catequesis de Confirmación ofrece para la mayoría de las sesiones tres grados de dificultad, para ser lo más adecuado posible al grupo según la edad:

más bien fácil — más bien exigente — en algún punto intermedio

Por qué eres importante para este manual

Este Manual pone a tu disposición una gran base y conocimientos fundamentales, ideas y materiales para apoyarte en tu tarea como catequista de un grupo de Confirmación.
Pero más importante que todo este material eres tú.

Tú eres el rostro de la Iglesia
Tú eres para tus confirmandos el rostro del curso de catequesis de Confirmación y, con ello, muy frecuentemente el rostro de la Iglesia. No subestimes tu influencia sobre ellos. Si tú defiendes la fe de una manera creyente y abierta en tus sesiones de catequesis, entonces quedarán los jóvenes realmente impactados. Posiblemente, también cuando los jóvenes ni siquiera estén convencidos de la enseñanza de la Iglesia.

Lleva a Jesús en tu barca
Y si ahora crees que todo esto es una gran responsabilidad que te supera, tienes razón. Por eso no tienes que llevar esta carga tú solo. Lleva a Jesús en tu barca. Al fin y al cabo, todo esto va de su Iglesia. Y sin Él esto no va a funcionar. Por eso es importante que reces regularmente por tu grupo de Confirmación. Cuando algo no va bien, pero también cuando todo funciona de maravilla.

Renueva tu propia fe
En este curso de Confirmación eres tú quien debe llevar unos pasos más hacia delante a los jóvenes en su camino hacia Jesús. Por ello, no estaría mal que tú mismo renueves antes tu fe y la fortalezcas. Una buena posibilidad para ello son las propuestas estables de algunos grupos de fe, como los cursos Alpha, o el curso de fin de semana Nueva Vida que organizan las Escuelas de Evangelización San Andrés. Para una más profunda comprensión, podría ser también una ventaja si colaboras y preparas tus sesiones de catequesis con el YOUCAT junto con otros catequistas y realizáis un intercambio sobre los temas que estáis tratando.

Lo que es importante en cada sesión de catequesis de Confirmación

En cada sesión de catequesis aparece una **PARTE CON LA BIBLIA**, una **PARTE CON EL YOUCAT** y una de **INTERCAMBIO.** A continuación hemos resumido lo más importante a tener en cuenta.

PARTE CON LA BIBLIA

Cada uno de los confirmandos ha de tener el texto
En la parte con la Biblia leéis juntos el texto bíblico correspondiente. Cada uno de los participantes debe tener una Biblia consigo, preferiblemente con la misma traducción. Se recomienda utilizar la versión oficial de la Biblia de la Conferencia Episcopal Española, publicada en 2010 con el objetivo de ofrecer un instrumento común de referencia para la evangelización de la Iglesia, y cuya traducción ha sido fruto de un largo trabajo impulsado por la Conferencia Episcopal y llevado a cabo por un nutrido grupo de especialistas. También se usa con frecuencia la "Biblia de Jerusalén" (su última edición es de 2009), que resulta muy interesante por sus introducciones, sus notas a pie de página, y la riqueza de sus paralelos en el margen.

Lectura conjunta
Lo mejor es que un participante lea en voz alta el correspondiente texto bíblico, mientras el resto sigue la lectura en silencio. De esta manera se ofrece a que aquellos, que en principio necesitan más tranquilidad, una oportunidad para involucrarse con el texto. Desaconsejamos enérgicamente técnicas de lectura grupal como "cada uno lee una frase" o "cada uno lee hasta que se equivoque, y entonces continúa el siguiente". La experiencia nos demuestra que los confirmandos se concentran sobre todo en la lectura en sí, en vez de asimilar el contenido del texto.

Dudas y preguntas
Después de la lectura, antes de continuar al siguiente punto, da a los jóvenes la oportunidad de formular preguntas sobre los términos o las formulaciones del texto.

PARTE CON EL YOUCAT

La parte con el YOUCAT funciona exactamente igual que la parte con la Biblia, solo que con la pregunta correspondiente del YOUCAT. También aquí debería tener cada joven su YOUCAT. Leed el texto juntos y da la oportunidad de realizar preguntas.

INTERCAMBIO

Posibilitar el diálogo abierto
Este punto sirve para que los confirmandos hablen y discutan entre ellos sobre los textos correspondientes. Para posibilitar un verdadero diálogo, es importante que los jóvenes puedan expresar aquí su sincera opinión. Para ello es necesario procurar que los participantes se traten con respeto, guarden el turno de palabra y respeten también las opiniones con las que no están de acuerdo. Y esto, además, es también válido cuando las opiniones e ideas expresadas sobre la fe cristiana sean totalmente incorrectas.

Dejar clara la posición cristiana
No obstante, es importante que dejes muy clara cuál es la posición que sostiene el cristianismo sobre esta cuestión para que no se genere la impresión de que la Iglesia, en el fondo, no tiene una respuesta para ello y que, en el fondo, todo es de alguna manera correcto.

1 PARA COMENZAR
Maratón hacia la Confirmación

Fundamentos teológicos

El Libro de catequesis para la Confirmación del YOUCAT compara la Confirmación con un maratón y da a los jóvenes un plan de entrenamiento en cuatro pasos: participación en la catequesis, la Eucaristía dominical, la oración constante y la lectura de la Biblia. Los jóvenes deben comprender que sin entrenamiento no funciona nada. Y eso ya lo había entendido san Pablo.
B → 1 Cor 9,24–27

Los confirmandos tienen que ser conscientes de que, en la Confirmación, reciben "power", esto es, fuerza de lo alto, el Espíritu Santo. Para este programa de entrenamiento existe también un equipo de entrenadores: la Biblia, el YOUCAT y el Libro para la catequesis de Confirmación. Y tú. Pero el jefe de los entrenadores es personalmente el mismo Dios. **Y → 203**

A los confirmandos les tiene que quedar claro que aquí no se trata de no sé qué teorías, sino de sí mismos, como personas completas, que quieren comprometerse de una manera más intensa con Dios. Como dice el Libro de catequesis para la Confirmación de mano de la Madre Teresa, los jóvenes tienen que estar conectados a la corriente de Dios, para que brille la Luz sobre la tierra. El Espíritu Santo, que recibimos en la Confirmación como un don del mismo Dios, es esa corriente que nos une con Dios y entre nosotros como Iglesia para que los hombres no vivan en la oscuridad.

Una pequeña observación: el impulso para ello puede hacerse efectivo con retraso; por tanto, la catequesis de Confirmación no es un fracaso si no se nota un éxito inmediato. Existen aguas tranquilas a las que parece que todo les resbala. Lo que no significa que esto suceda también en el curso de Confirmación, todo lo contrario: un encuentro, un momento, una frase de la Biblia o del YOUCAT puede volverle después de muchos años. Y, de repente, se despierta y este recuerdo comienza a surtir efecto. Por ello, es conveniente que tengas sosiego en tus sesiones de catequesis: no os exijáis demasiado, la fe es siempre un asunto de cada uno con Dios.

Volviendo al texto. La primera sesión de catequesis de Confirmación sirve a la vez para conocerse y toca brevemente los cuatro pasos, participación en la catequesis, la Eucaristía dominical, la oración constante y la lectura de la Biblia, que los jóvenes pueden consultar en el Libro de catequesis para la Confirmación y que tienen que practicar como programa de entrenamiento. Estos cuatro pasos tienen que ayudar a conocer mejor a Dios y para entrar en diálogo directamente con Él. Por si te entra la duda de que esto es un poquito exigente, aquí tienes un par de pensamientos para que te convenzas a ti mismo.

Cada programa de entrenamiento empieza con una pequeña carrera de calentamiento. Un maratón, una carrera, un ejercicio... En el fondo, se entiende siempre por religión un camino hacia Dios. Ninguna de las religiones del mundo puede negar que se toma en serio la búsqueda de algo superior, algo diferente a lo meramente humano. La idea de lo religioso es tan antigua como la misma humanidad: la idea de que hay algo más allá que esta vida aquí y ahora, de que algo sobrepasa esta vida, la trasciende. ¿Pero existe en realidad ese "algo"?

Sin embargo, nosotros presuponemos este "algo" cuando hablamos de todo el universo o de nuestra muerte. Lo único que nosotros aceptamos como algo totalmente obvio sobre nuestra mera existencia lo denominamos alma humana. Esta alma muestra desde hace siglos este otro mundo. Filósofos y teólogos, la religión y la Iglesia, pero también los poetas y artistas se mueven en este mundo, están inspirados y fascinados por él. Asimismo, cuando dos se enamoran, se abren a este mundo. También el amor entre padres e hijos, o la verdadera amistad conducen a este mundo.

Esto habla de lo no material, de un mundo más allá de las cosas, más allá de lo físico (metafísico). Hasta ahí bien, pero eso no da la seguridad a lo que respecta a nuestro "algo". En la comprensión cristiana se junto a la religión como camino hacia Dios algo fundamental, algo en lo que creemos con todo nuestro corazón: Dios ha salido de su propia iniciativa a nuestro encuentro, se ha manifestado en nuestra historia con palabras y hechos, se nos ha mostrado tal cual es en Jesucristo y nos acompaña en Jesucristo en nuestro camino.

El camino de nuestra vida es un camino con Dios, que al final desemboca en Dios. Este camino ha comenzado con nuestro Bautismo, en el que nuestros padres y padrinos, en nuestro nombre, nos acercaron a la fe. La Primera Comunión fue un momento importante y festivo: recibir a Jesús en la Sagrada Comunión. Y ahora tenemos nosotros que dar un paso más: conocer la fe, para que nosotros también podamos decir de verdad: "Sí, creo". Y para que nosotros también podamos llevarlo a los demás. A esto se comprometió el Espíritu Santo con nosotros en la Confirmación. Este acontecimiento es un regalo de Dios para nosotros. El que recibe de verdad este regalo, tendrá también que darselo a los demás: **Y → 197**

Por eso es importante la Biblia (paso cuarto), en la que podemos consultarlo todo. Por eso también la Santa Misa (paso segundo), ya que en ella hacemos presente y celebramos el don del Padre de su propio Hijo. Y por ahora es suficiente. Sobre la oración (paso tercero) profundizaremos en el capítulo ocho, como tema de la sesión de catequesis.

SESIÓN 1

CATEGORÍA

Para comenzar – ¡¡Allá vamos!!

Tema y objetivo
Que los miembros del grupo se conozcan entre ellos
Iniciar a los jóvenes en la oración personal

Preparación

- Prepara las tarjetas de Conf!rgame (**descárgatelas en http://www.ediciones-encuentro.es/libro/youcat-confirmacion-catequista.html**). Ten cuidado de copiar correctamente la parte de detrás de las tarjetas. Consigue, además, un dado, papel y lápices. Esta actividad está basada en el juego "Reli-Tabú", creado por la Delegación de Juventud del Arzobispado de Múnich y de Frisinga.
- Hazte con el capítulo de *Los Simpson* "Bart en suspenso" ("Bart gets an F", 2ª temporada, capítulo 1). No olvides buscar un reproductor adecuado.

Para comenzar
Da a cada uno de tus confirmados, a modo de dinámica de conocimiento, las siguientes tareas: cada uno ha de decir su nombre, un término del ámbito religioso que empiece por la misma letra que su nombre, su comida favorita y su personaje favorito de *Los Simpson*. Deja un poco de tiempo para que lo piensen. Lo mejor es que empieces tú mismo.

Condiciones básicas
Después, puedes anunciar las condiciones básicas de para la participación en la catequesis, como con qué frecuencia y por qué razones se puede faltar, qué consecuencias implican las ausencias. También sería el momento de explicar brevemente las normas de cómo deben tratarse entre ellos.

Conf!rgame
Lo siguiente en el programa es el Conf!rgame (nos hemos esforzado bastante en darle al juego un nombre lo más simple posible. Creo que lo hemos conseguido: **Conf** viene de Confirmación, y **game** es juego en inglés). Divide el grupo en dos equipos y coloca las tarjetas en tres montones separados (pantomima, dibujar o explicar). Los participantes van tirando el dado uno detrás de otro por turnos. Según el resultado, el participante ha de coger una tarjeta del montón correspondiente:
1 y 2 "Pantomima"
3 y 4 "Dibujar"
5 y 6 "Explicar".

El resto de los miembros de su equipo debe adivinar la palabra mientras el equipo contrario está atento a que no se incumplan las reglas del juego: Pantomima significa que no se puede hablar, ni murmurar ni cantar; y dibujar significa que no se puede escribir, tampoco números ni palabras extranjeras. Por cada palabra adivinada, el equipo consigue un punto. Cuando ya se han utilizado todas las tarjetas de una categoría, se puede seguir jugando con el resto de categorías. Al final gana el equipo que más puntos tenga.

Película: *Los Simpson*, "Bart en suspenso"
Para recuperarnos después de jugar una emocionante partida del Firm!tivity, vamos a ver en grupo un capítulo de *Los Simpson* "Bart en suspenso".

Input
El capítulo "Bart en suspenso" se presenta para que expliques a tus confirmandos de manera rápida y escueta algo sobre la oración y para animarlos al "reto de la oración". El desafío consiste en dedicar, al menos mientras dure la catequesis de Confirmación, unos diez minutos diarios para hablar con Dios.
Puedes formularlo de la siguiente manera:

"El capítulo de *Los Simpson* que acabamos de ver enseña claramente que algunas veces es muy útil conocer ciertas cosas. Por eso, un deseo de esta catequesis de Confirmación es que aprendáis sobre vuestra fe. Pero, en realidad, es mucho más importante que cada uno de vosotros entre en relación con Dios. Y, precisamente, Bart nos enseña, de una manera sorprendente, cómo se puede hacer:

- Habla con Dios como con un amigo ("bueno, viejo", "Tu amigo, Bart").
- Es totalmente sincero con Él y no busca excusas ("Sé que no he sido un buen niño").
- Habla con Él sobre sus preocupaciones.
- Confía totalmente en Él ("Si alguien puede hacerlo, eres Tú").
- Cuando tiene la posibilidad, hace todo lo que está en su mano (cuando llega la tormenta de nieve, se pone a estudiar).

Para que os acerquéis un poco más a Dios durante este tiempo de catequesis de Confirmación, os animo al "reto de la oración": mientras dura la catequesis de Confirmación, dedicad al menos diez minutos al día para un verdadero diálogo con Dios. Tal y como hizo Bart. Y algo sucederá en vuestra relación con Dios.

Consideraciones sobre la oración de Bart:
La sincronización de los textos según el idioma puede hacer variar la oración.

Terminamos con una oración
Señor Jesucristo:
Nos estamos preparando para la Confirmación.
Permanece junto a nosotros y ayúdanos, para que cada día comprendamos mejor lo que significa para nosotros tu vida y tu mensaje. Sal a nuestro encuentro cada vez que durante esta semana intentemos conocerte más de cerca. Y cógenos entre tus brazos cuando, por comodidad, pretendamos escabullirnos de nuestra unión contigo.
Amén.

2

EXISTE O NO EXISTE:

Lo que podemos saber acerca de Dios

Fundamentos teológicos

En el Libro de catequesis de Confirmación, los jóvenes ya se han familiarizado con el ateísmo, que hoy en día se presenta de manera especialmente agresiva y, sin más, niega a las personas creyentes la capacidad de un pensamiento razonable. **Y → 5** Junto con esto, hay algunos buenos argumentos sobre Dios, que se han denominado "Argumentos sobre la existencia de Dios". El Libro de catequesis trata uno de ellos, el conocido como "Argumento cosmológico" (el universo no puede ser una causa en sí mismo). Este se encuentra en consonancia con el "Argumento de causalidad" (todo lo que existe tiene una causa). Busca en Wikipedia qué otros argumentos sobre la existencia de Dios existen. **Y → 41-45**

Un argumento rotundo es la existencia de un pequeño grano de arena, que hace que nos cuestionemos por qué existe algo y no, más bien, la nada. **B → Sal 53,2**

Y entonces es cuando de verdad todo comienza: a la existencia de Dios somos capaces de llegar con nuestra materia gris; sin embargo, de lo que se trata es de cómo es Dios, y entonces debemos tener cuidado, y deberíamos considerar, sin falta, qué es lo que Dios ha dicho sobre sí mismo. **Y → 7**

¿Cómo que Dios habla? ¿No sería mejor decir que Él calla? ¿No será eso, quizá, la razón por la que muchas personas no creen? ¿Por qué, en países como Siria o en cualquier otro país donde los hombres se matan entre ellos, Dios no dice algo poderoso sobre este asunto y les dice que deberían parar, ¡y parar ya!?

Si Dios se mostrara de esta manera, si se manifestara de tal manera que nosotros solo pudiéramos decir: "Genial, Dios, un aviso claro, lo hemos pillado", eso tendría la cualidad de un mandato absoluto. Si Dios desde fuera me invadiese como un administrador de sistemas que se mete en un PC y ejecuta lo que a él le parece bien, sin tener en cuenta lo que yo tengo en la pantalla, me convertiría en una máquina.

¿Y no podría ser que este discurso sobre el silencio de Dios terminara en que se espera una cierta claridad sobre lo que Dios dice, en que no se tengan que tomar más decisiones, en que no se tenga que tomar parte en nada, en que no haya que creer, porque se está siempre totalmente sometido al Absoluto? ¿En que Dios, por decirlo de alguna manera, nos aplasta? ¿Y entonces podría Él, en realidad, solucionarlo todo enseguida, ordenarlo todo, o nada?

El deseo de que Dios se dirija a mí, o el deseo de una unión amorosa con Él, o el deseo de un juicio según su justicia, son deseos profundos de las personas que tienen un lugar destacado en la Teología y en la enseñanza de la Iglesia. Solo hay un deseo que Dios nunca llegará a satisfacer: el de quitarnos la libertad. Eso contradice el plan de Dios. Él nos ha creado libres. Somos nosotros mismos los que tenemos que acoger su revelación. Somos nosotros mismos los que debemos aspirar a unirnos con Él. Y también somos nosotros los que debemos actuar: hacer el bien sin pensar que todo es obra humana. Y para evitar posibles equivocaciones: Dios no nos deja solos. Sin su ayuda no podemos ni reconocer su Revelación, ni creer en Él ni actuar como Él quiere.

En definitiva, la Revelación comienza con la Creación. Esta es testigo de Dios; su orden, su belleza y su evolución nos señalan más allá de sí mismas, en dirección a Dios. **Y → 4**

El hombre ha sido creado "a imagen de Dios". Él nos ha dado un nombre. **B → Ex 3**

"Dios es (el) amor" **B → 1 Joh 4,16**, que se nos ha revelado en Jesucristo. **Y → 56**

Y con esto ya estamos en medio del texto bíblico. Pero ¿qué es lo que lo convierte en la Palabra de Dios? ¿De dónde sabemos que en él se encuentra la Revelación? Un conocimiento, pero no como al que estamos acostumbrados. Por ejemplo, que Berlín sea la capital de Alemania no es un conocimiento que se pueda dudar. Pero si alguien me dice que su padre ha muerto, entonces puedo partir de la base de que es verdad. Incluso podría decirles a otras personas que yo lo sé. Lo sé de su propio hijo. Y este es el punto clave: ¿podemos confiar en el testigo? ¡Y esto no es ninguna cuestión de piedad! Porque el testigo se presenta en el juicio y, según lo que el testigo diga, se dictan las sentencias y se administra justicia. La credibilidad de un testigo es decisiva sobre si alguien va a la cárcel o no.

Pero ¿sobre qué testigos se basa la Biblia? En primer lugar sobre aquellos que la escribieron. Así escribió san Juan en su primera carta: "Lo que existía desde el principio, lo que hemos oído, lo que hemos visto con nuestros propios ojos, lo que contemplamos y palparon nuestras manos acerca del Verbo de la vida" es lo que os anunciamos. (**B → 1 Jn 1,1**). Aquí se le da valor a que lo que él transmite es su experiencia, que él mismo ha tenido, y se basa en lo que ha visto, oído y palpado.

Y los Evangelios no contradicen lo que sabemos por la historia. Además, se constatan elementos de distintas fuentes externas. Y son los cuatro evangelistas y otros autores del Nuevo Testamento los que coinciden en lo fundamental de los mismos acontecimientos. (La historia profana está parcialmente menos probada y, sin embargo, apenas se pone en duda). Muchos de estos primeros cristianos realizaron grandes esfuerzos y tomaron caminos muy largos para contar estos acontecimientos y transmitir su fe. Fueron apresados, torturados y asesinados. Pero ellos sellaron con sus vidas lo que habían escrito y transmitido. ¿Quién iba a dar su vida por una historia inventada?

Ya hemos estado hablando de que la naturaleza y el hombre mismo son pruebas de Dios. Al principio de la Biblia, se describe al hombre como una imagen de Dios. Pero en la Revelación de Jesucristo llega a término la verdad sobre Dios. (Y ya veremos que se sigue desplegando con la Iglesia). Dios ha dicho de una manera definitiva: "Mirad, así soy yo". **Y → 10**

Por eso creemos en Él, que ha vivido entre nosotros. Nuestra fe hace referencia a un acontecimiento, al acontecimiento Cristo. Se trata de una relación con una persona, con la persona de Jesucristo. No se trata de una simple relación con un libro.

SESIÓN 2

Lo que podemos saber acerca de Dios

CATEGORÍA

Tema y objetivo:
Tres aspectos: Dios nos ha creado por amor, quiere entrar en contacto con nosotros y pasar la eternidad junto a nosotros.

Preparación

- Fotocopia del material las ilustraciones sobre las imágenes de Dios y haz ocho tarjetas. Puedes hacer varias copias de cada una de las ilustraciones, así podrán escoger varios participantes la misma imagen.
- Fotocopia las ilustraciones sobre la Creación del hombre, sobre la zarza ardiente y sobre Jesús. Una copia de cada imagen.

Para comenzar
Coloca las copias con las distintas imágenes de Dios y anima a los confirmandos a escoger aquella tarjeta que se corresponda con la imagen que ellos tienen de Dios. Cuando ya todos los participantes hayan escogido su tarjeta, deben justificar su elección.

Transición
Dirigimos a los confirmandos hacia el siguiente punto: "Después de habernos ocupado un poco con la imagen que

nosotros tenemos de Dios, queremos ahora considerar qué es lo que Dios tiene que decir sobre sí mismo. Dios nos ha dado un par de indicaciones de cómo es Él, y seguro que algunas de ellas ya las habréis oído".

Dios como Creador
Coloca la imagen de Adán y Eva en el Paraíso en medio del grupo y pide a uno de los jóvenes que cuente la historia. Si nadie en el grupo la quiere contar (según nuestra experiencia, los grupos de Confirmación pueden ser muy diferentes), cuenta tú mismo la historia o léela directamente de la Biblia B → **Gn 1,26-31** Pregunta a los participantes sobre qué dice el texto respecto a Dios y respecto a la relación de Dios con las personas.

Los siguientes aspectos son importantes para nuestro tema:

- Dios considera bueno al hombre (B → **Gn 1,31**).
- Dios ha creado al hombre sin ningún objetivo en concreto, solo debido a su amor desbordante. Y → **2**

Dios se revela a las personas
Procede de la misma manera con la imagen de Moisés y la zarza ardiente (cfr. B → **Ex 3,1-6.13-14**). Es importante dejar claro a los confirmandos que es Dios el que sale al encuentro del hombre para entrar en contacto con él.

Dios se revela en Jesucristo
Toma ahora la imagen de Jesús con sus discípulos y pide a los confirmandos que te cuenten qué saben sobre Jesús. Especialmente importante para nuestro tema es que Dios mismo se nos revela en Jesús y, por lo tanto, en Jesús podemos ver cómo es Dios. Puedes hacer referencia al texto de B → **Jn 14,9** "Quien me ha visto a mí ha visto al Padre".

Transición
Dirigimos al grupo hacia el siguiente punto con la indicación: "Acabamos de escuchar qué es lo que Dios nos revela sobre sí mismo. Pero ahora vamos a ver cómo Él nos ve a nosotros".

¿Quién soy yo para Dios?
Observa con tu grupo dos puntos fundamentales de la Biblia que nos dejan bastante claro cuál es el comportamiento de Dios con nosotros:
"Ya no os llamo siervos, porque el siervo no sabe lo que hace su señor: a vosotros os llamo amigos, porque todo lo que he oído a mi Padre os lo he dado a conocer". (B → **Jn 15,15**)
"Porque tanto amó Dios al mundo, que entregó a su Unigénito, para que todo el que cree en él no perezca, sino que tenga vida eterna". (B → **Jn 3,16**)
Puedes leer directamente de la Biblia los dos textos del Evangelio de san Juan con tu grupo o poner la tarjeta con los textos en medio para que todos los confirmandos los puedan leer.

INTERCAMBIO
Comenta con tus confirmandos sobre lo que muestran ambos textos sobre la relación de Dios con nosotros. Es importante destacar que Él nos ve a nosotros como amigos (B → **Jn 15,15**)), y que envía a su Hijo para salvarnos (B → **Jn 3,16**). Puedes decirles a los jóvenes que sustituyan la palabra "mundo" por "ti" en el versículo de Jn 3,16.

Transición
Puedes introducir el final de la sesión de catequesis de la siguiente manera: "Para terminar, vamos a ver qué plan tiene Dios para cada uno de nosotros".

¿Qué quiere Dios de mí?
Lee con tus jóvenes la respuesta en negrita para la pregunta 1 del YOUCAT, o coloca la tarjeta correspondiente en medio del grupo. Explica que el plan de Dios es que, un día, vivamos todos juntos con Él en el Cielo. Este es el plan de Dios para nosotros, porque su amor no tiene fin. (También puedes utilizar el texto B → **Jn 17,24** para explicar el plan de Dios).

INTERCAMBIO
Concluye la sesión de catequesis, tras intercambiar brevemente opiniones sobre el plan de Dios, con una oración.

Terminamos con una oración
Padre bueno,
Tú nos has creado por amor. Tú quieres estar cerca de nosotros y vivir a nuestro lado. Ayúdanos para que en nuestra vida cotidiana siempre nos comportemos como tus verdaderos amigos, y llévanos contigo al final de nuestra vida para estar por siempre junto a ti.
Amén.

SESIÓN 2

Lo que podemos saber acerca de Dios

CATEGORÍA

Tema y objetivo
Tres aspectos: Dios nos ha creado por amor, quiere entrar en contacto con nosotros y pasar la eternidad junto a nosotros.

Para comenzar... otras opciones
Para este tema, hemos pensado varias posibilidades para comenzar, que puedes utilizar en lugar de la descrita más abajo o junto con ella.

- **El encuentro con Dios en *La cabaña***
  Lee a tus confirmandos el fragmento del libro *La cabaña,* de William P. Young (Espasa, 2009), en el que el narrador se encuentra con Dios por primera vez.

- **Encuentro con Dios en *Como Dios***
  Ponle a tu grupo el fragmento de la película *Como Dios* en la que Bruce se encuentra con Dios por primera vez..

- **Dibujos animados**
  Si tienes mucho tiempo, puedes poner el principio del capítulo 20 de la 3ª temporada de *Futurama*: "Un dios entre nosotros".

Pregunta a tus confirmandos si la imagen que tienen ellos de Dios coincide con la que aparece en estos fragmentos que hemos visto. Intercambiad ideas sobre la imagen Dios que tenéis.

Preparación
- Fotocopia del material las ilustraciones sobre las imágenes de Dios y haz ocho tarjetas. Puedes hacer varias copias de cada una de las ilustraciones, así podrán escoger varios participantes la misma imagen.

Para comenzar
Coloca las copias con las distintas imágenes de Dios y anima a los confirmandos a escoger aquella tarjeta que se corresponda con la imagen que ellos tienen de Dios. Cuando ya todos los participantes hayan escogido su tarjeta, deben justificar su elección.

Transición
Dirigimos a los confirmandos hacia el siguiente punto: "Después de habernos ocupado un poco con la imagen que nosotros tenemos de Dios, queremos ahora considerar qué es lo que Dios tiene que decir sobre sí mismo".

Trabajo en grupo sobre la Biblia
Divide a tus confirmandos en tres grupos. Cada grupo toma uno de los textos y, en unos diez minutos, tiene que responder a la siguiente pregunta: "¿Qué dice el texto bíblico sobre Dios y su comportamiento con las personas?".

Puedes darles fotocopiadas las citas bíblicas o que las lean directamente de la Biblia.
Grupo 1: B → Gn 1,26–31 (Creación del hombre)
Grupo 2: B → Ex 3,1–6.13–14 (Dios se revela a Moisés en la zarza ardiente)
Grupo 3: B → Jn 14,8–11 (Dios se revela en Jesucristo)

Presentación de las conclusiones
Cada uno de los tres grupos presenta sus conclusiones. Sigue en las presentaciones el orden cronológico (Creación, Moisés y Jesús).

En la presentación y el posible intercambio de ideas posterior, deben tratarse los siguientes aspectos:
- Dios considera bueno al hombre (**B → Gen 1,31**).
- Dios ha creado al hombre sin ningún objetivo en concreto, solo debido a su amor desbordante (cfr. **Y → 2**).
- Dios sale al encuentro del hombre (**B → Ex 4,14**).
- Dios se revela en Jesucristo (**B → Jn 14,9**).

Transición
Dirigimos al grupo hacia el siguiente punto con la indicación: "Acabamos de escuchar qué es lo que Dios nos revela sobre sí mismo. Pero ahora vamos a ver cómo Él nos ve a nosotros".

PARTE CON LA BIBLIA: "¿QUIÉN SOY YO PARA DIOS?"
Leed conjuntamente **B → Jn 15,15:** "Ya no os llamo siervos, porque el siervo no sabe lo que hace su señor: a vosotros os llamo amigos, porque todo lo que he oído a mi Padre os lo he dado a conocer".
Aquí es importante destacar que Dios nos ve como amigos.

A continuación leed **B → Jn 3,16** ("Porque tanto amó Dios al mundo, que entregó a su Unigénito, para que todo el que cree en él no perezca, sino que tenga vida eterna"). Mientras comentan este texto, puedes decirles a los jóvenes que sustituyan la palabra "mundo" por "ti". Así les quedará un poco más claro lo inmensamente importante que es cada persona para Dios.

Transición
Dirigimos al grupo hacia el siguiente punto con la indicación: "Acabamos de escuchar qué es lo que Dios nos revela sobre sí mismo. Pero ahora vamos a ver cómo Él nos ve a nosotros".

PARTE CON LA BIBLIA: "¿QUÉ QUIERE DIOS PARA MÍ?"
Leed conjuntamente **B → Jn 17,24** ("Padre, este es mi deseo: que los que tú me has dado estén conmigo donde yo estoy y contemplen mi gloria, la que me diste, porque me amabas, antes de la fundación del mundo"). Explica a los jóvenes que esto se refiere a que Dios quiere estar junto a nosotros, en la eternidad, para siempre.

PARTE CON EL YOUCAT: "¿QUÉ QUIERE DIOS PARA MÍ?"
Para profundizar en el plan de Dios para nosotros, leed **Y → 1** ("¿Para qué estamos en la tierra?") e intercambiad vuestras ideas en el grupo.

Terminamos con una oración
Padre bueno,
Tú nos has creado por amor. Tú quieres estar cerca de nosotros y vivir a nuestro lado. Ayúdanos para que en nuestra vida cotidiana siempre nos comportemos como tus verdaderos amigos, y llévanos contigo al final de nuestra vida para estar por siempre junto a ti.
Amén.

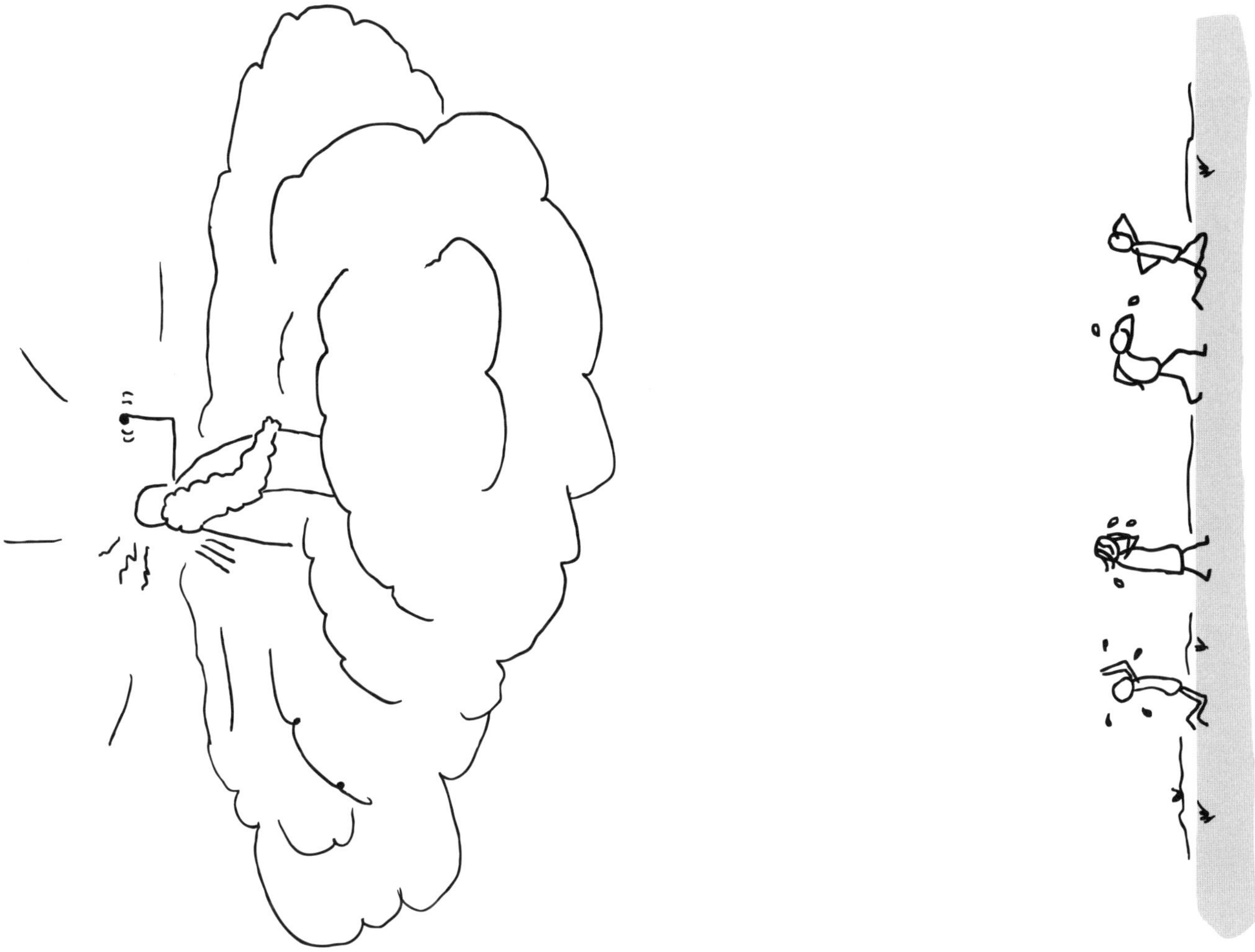

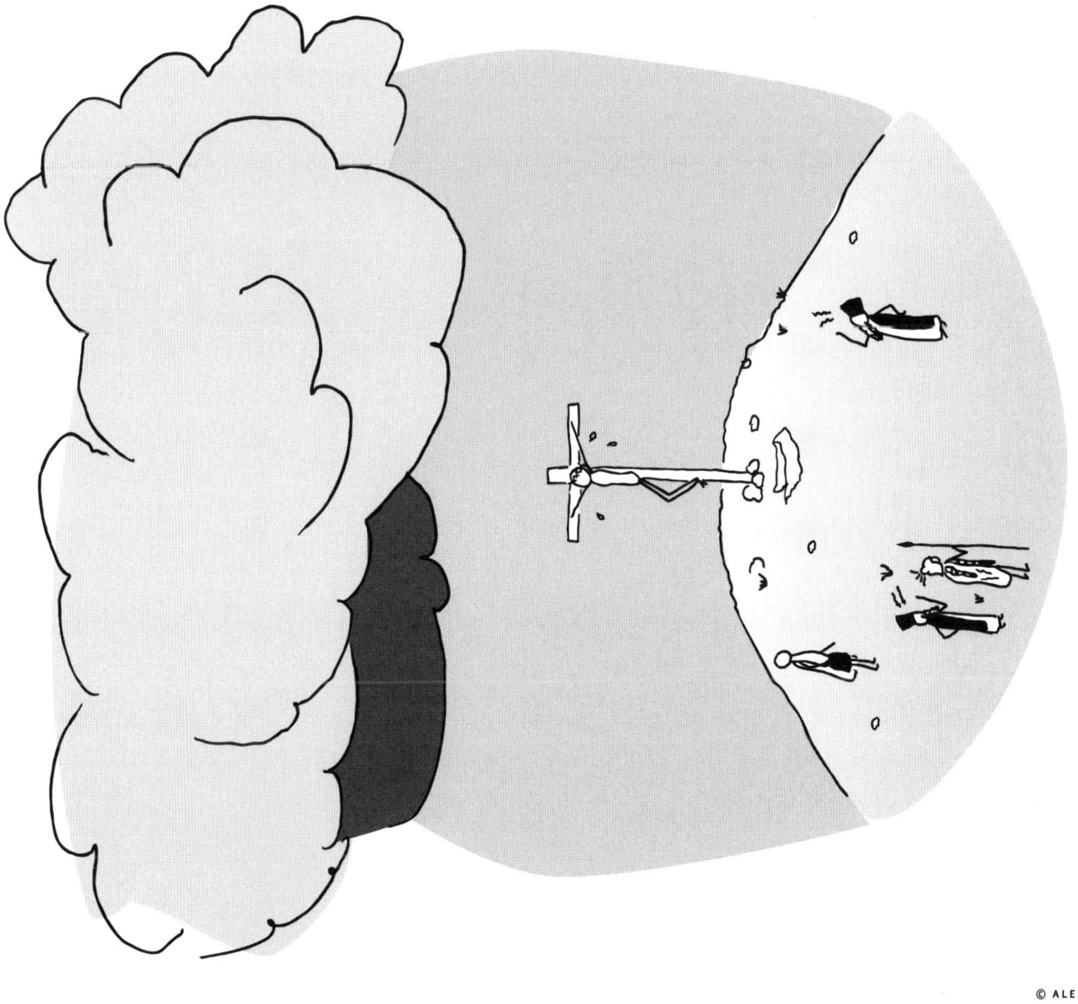

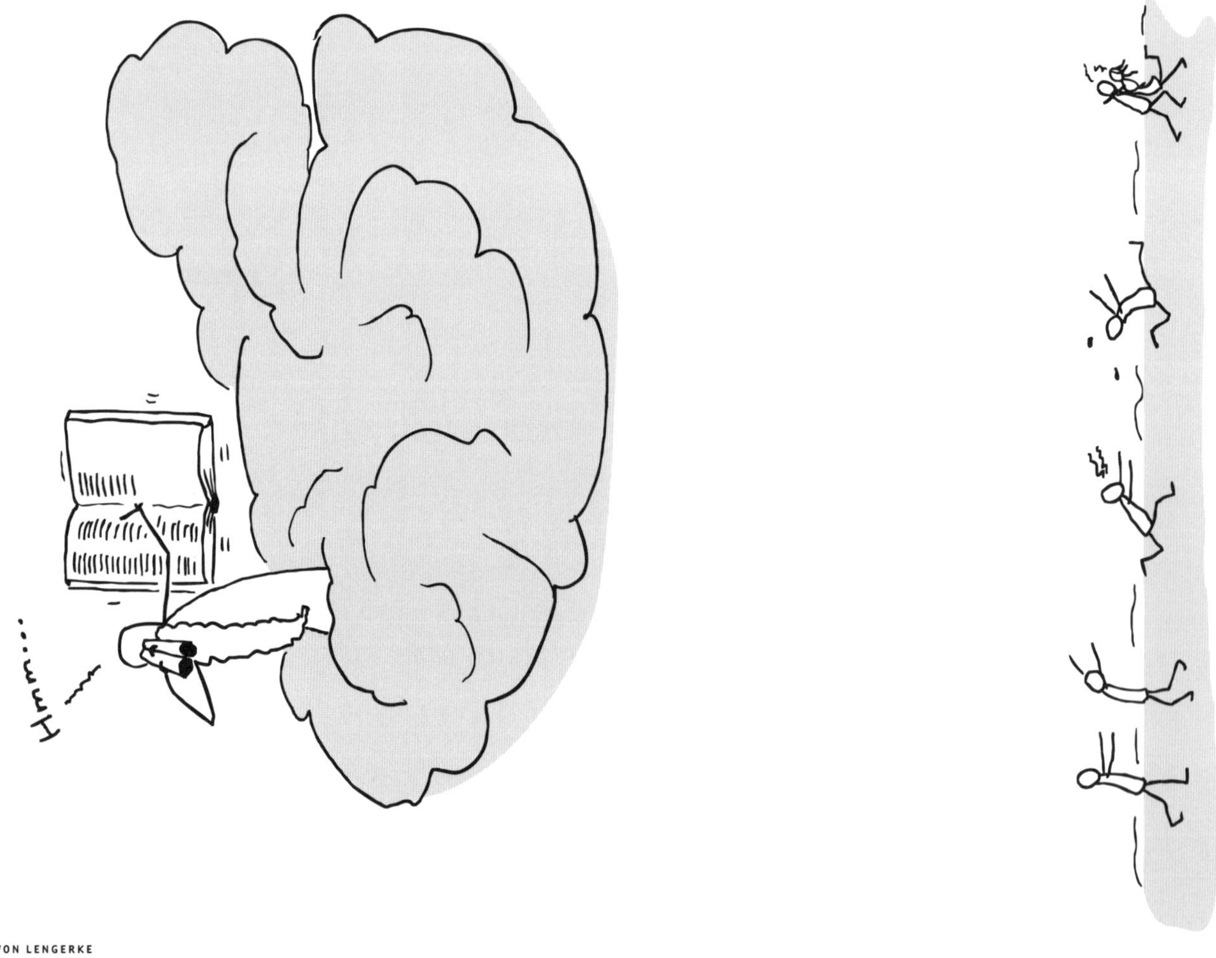
Hmm.....

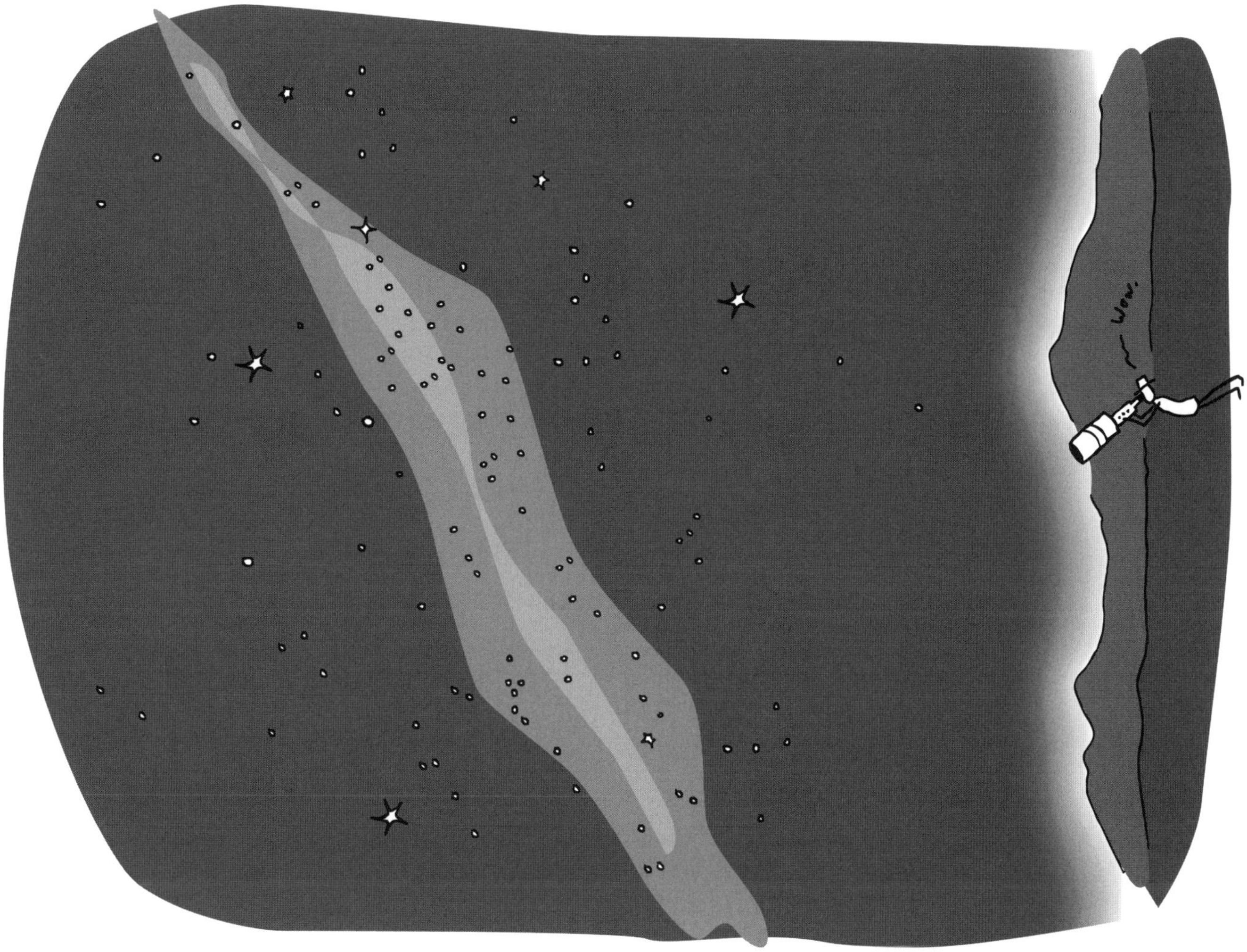
WOW.

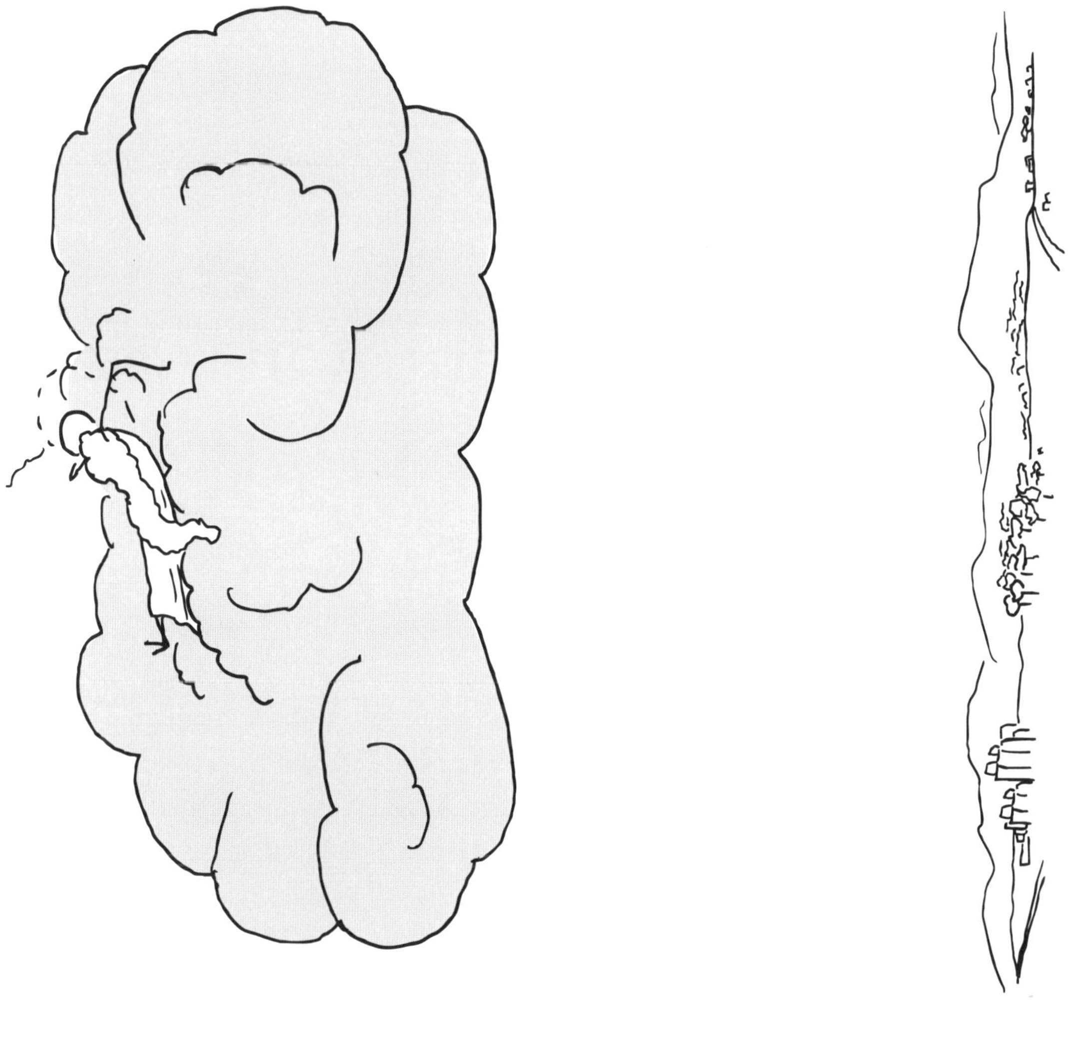

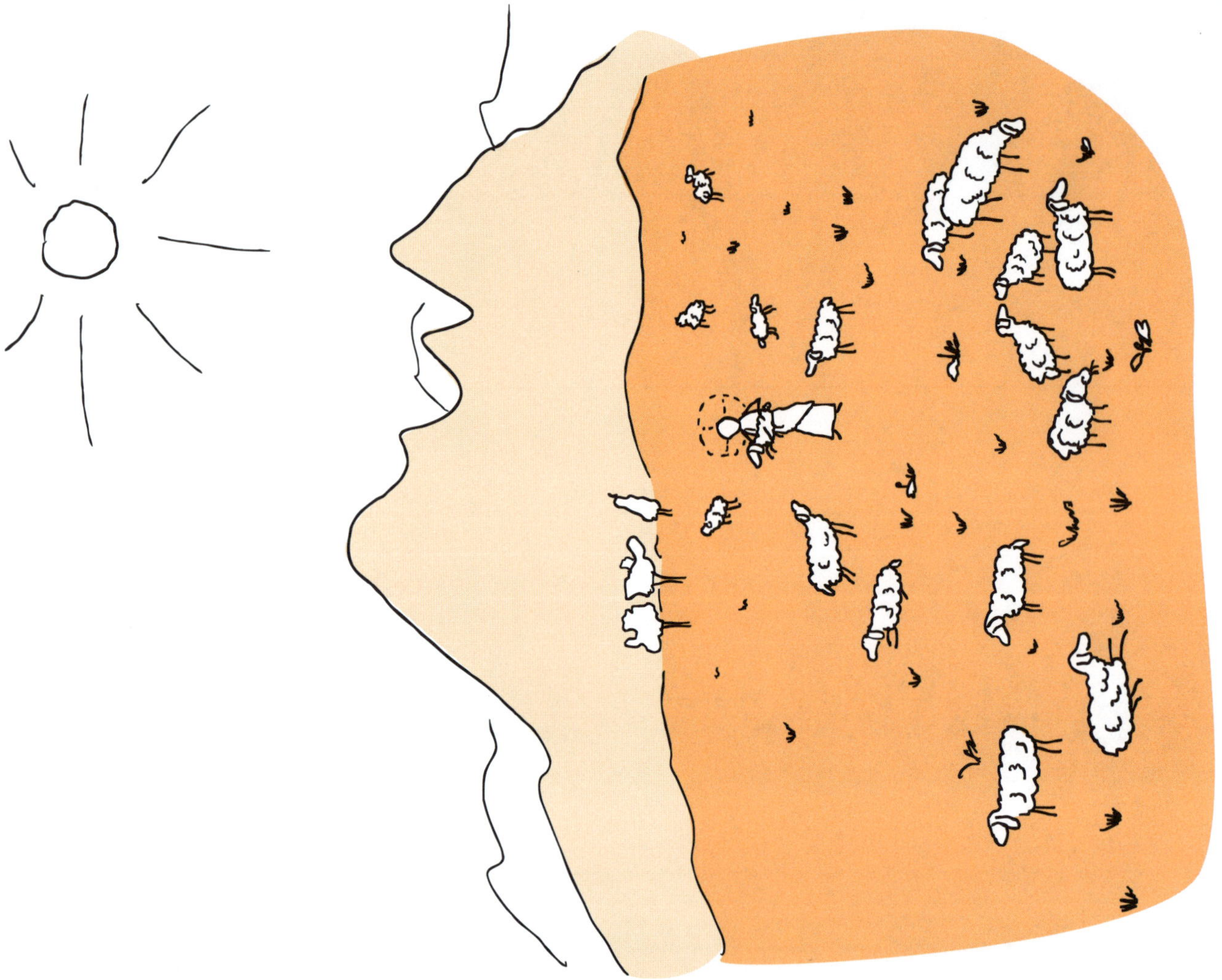

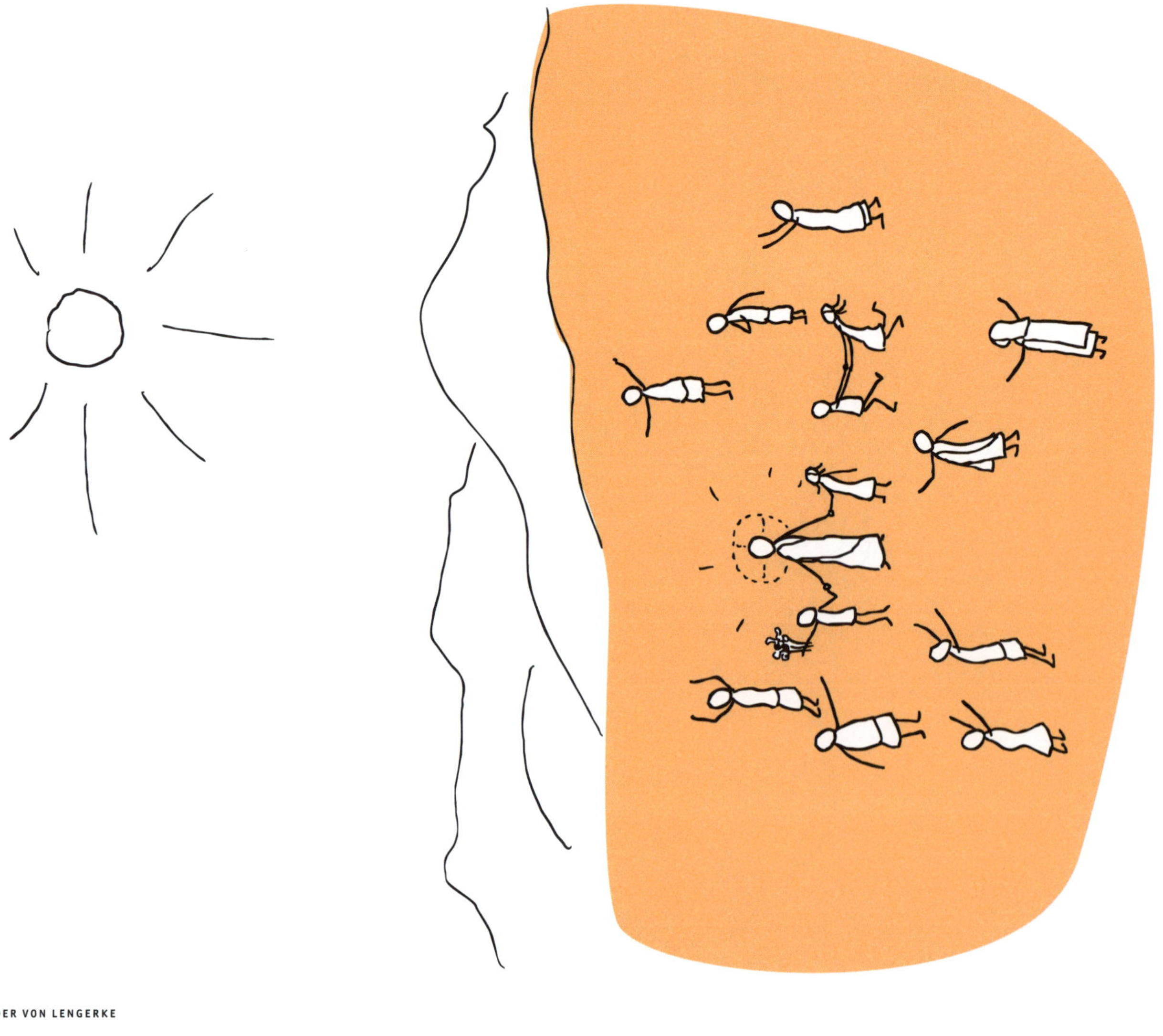

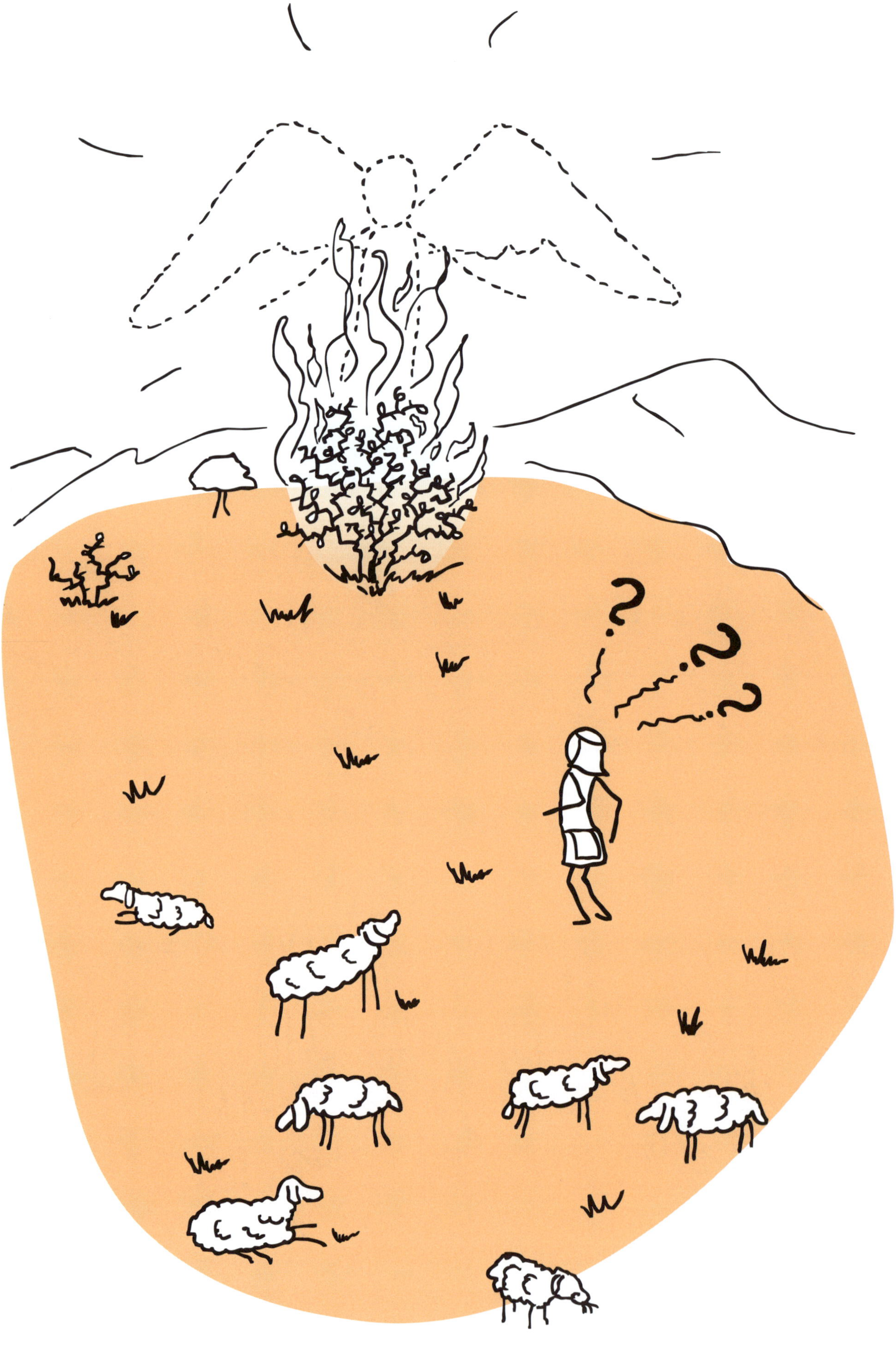

"Ya no os llamo siervos, porque el siervo no sabe lo que hace su señor: a vosotros os llamo amigos, porque todo lo que he oído a mi Padre os lo he dado a conocer".

→ Jn 15,15

"Porque tanto amó Dios al mundo, que entregó a su Unigénito, para que todo el que cree en él no perezca, sino que tenga vida eterna".

→ Jn 3,16

"Estamos en la tierra para conocer y amar a Dios, para hacer el bien según su voluntad y para ir un día al cielo".

→ 1

"Padre, este es mi deseo: que los que tú me has dado estén conmigo donde yo estoy y contemplen mi gloria, la que me diste, porque me amabas, antes de la fundación del mundo".

→ Jn 17,24

POBRE TIERRA, QUÉ ENFERMA ESTÁS:

3 Por qué el mundo va mal

Fundamentos teológicos

La idea de un estado natural, paradisíaco y puro de la humanidad es bastante ingenua. Respecto a esto, san Pablo era mucho más realista, y a él mismo le llamaba la atención que siempre hacía lo contrario de lo que tenía por bueno y correcto.
B → Rom 7,15-25

Cuando se trata sobre el tema de la dieta y el ejercicio, solemos hablar de una "debilidad interior". Cuando esta debilidad nos vence, se convierte en un "pequeño pecado". Este modelo de "debilidad interior/pecado" lo podemos extrapolar al caso del realmente preocupante chocolate y del sillón de la tele, ya que ellos evidencian esta situación crítica: lo bueno y lo malo. El bien y el mal están juntos dentro de nosotros con fuerzas desiguales, nuestra naturaleza siente una clara inclinación hacia lo malo. Nuestra "debilidad interior" está siempre presente.

No solo nosotros, tú y yo, sino todos, absolutamente todos están afectados por esta "debilidad interior" a la que estamos inclinados y nos hace pecar. Esta inclinación al mal es la herida que nosotros llevamos desde el pecado original, o dicho de otra manera, el pecado de nuestros primeros padres. **Y → 68-70**

No se trata de una culpa personal, sino de una atracción hacia el pecado, de una debilidad de la voluntad y el intelecto. Y eso lo tienen todas las personas, desde el nacimiento. La Biblia describe de dónde procede esto con la historia de la Caída. Esta historia cuenta cómo entró el mal en el mundo. Con esto, la Biblia responde a una pregunta ancestral.

Si contemplamos brevemente la historia de la caída, nos damos cuenta de:
B → Gn 2,7-15, Gn 3

- que Adán significa "hombre" y Eva significa "vida". "En él todos hemos pecado", dijo san Pablo. Todos somos Adán;
- que la serpiente prometió: "Seréis como Dios" (**B → Gn 3,5**);
- qué tipo de pecado se trata: se trata de una transgresión por codicia, es una agresión por querer tener.

Al principio, le debíamos todo a Dios. Él nos hizo y nos colocó en el Paraíso. Podríamos haber vivido desde la gratitud y la confianza, pero dejamos que creciera en nosotros la desconfianza y desobedecimos su voluntad. Nos propusimos no ser, en adelante, dependientes de Él, sino ser nosotros mismos como Dios ("seréis como Dios, conocedores del bien y del mal"). Y esto sigue siendo un tema muy actual: jugamos a ser dioses de la vida y de la muerte (el aborto, la eutanasia, la guerra, asesinatos...) y queremos jugar a ser creadores (la manipulación genética, la nanotecnología, los clones...).

La codicia es la madre de todos los vicios. Cuando el hombre vivía en un jardín, que él mismo cultivaba, sin preocupación alguna y en armonía, le tentó algo que el hombre sintió como insignificante: la serpiente. Y hasta el hombre le echa en cara a Dios, a quien debía estar agradecido, que se hubiera reservado algo, y le tenía envidia. Solo porque todo no le parecía bien, solo porque había un límite...

¿Y qué tiene que ver todo esto con nosotros? En el baño del Bautismo fuimos lavados de la mancha de este pecado original con la que nacimos. Pero aún con la fuerza que tenemos como criaturas de Dios, sobrevive en lo más profundo de nosotros un anhelo. Este anhelo podemos utilizarlo, con el amor de Dios, para el bien, pero también estamos inclinados a caer en la tentación y pecar. Este es el punto crítico en nuestro interior, es lo que llamamos nuestra "debilidad interior". ¡Y aquí no nos sirve un "es que soy así, es mi naturaleza"! Somos responsables de cada uno de nuestros actos porque, aunque nuestra naturaleza es débil, no neutraliza nuestra libertad.

SESIÓN 3

CATEGORÍA

CONCEPTUAL

Por qué el mundo va mal

Tema y objetivo:

Pecado original y pecado personal

El hombre se separa de Dios por el pecado. El primer pecado rompe la armonía entre Dios y la creación y sus efectos llegan hasta hoy ("el pecado original").

Preparación

- Hazte con un par de periódicos y revistas actuales, además de unas tijeras para cada confirmando.
- Fotocopia el cómic "El pecado dinamita la unión con Dios". (véase pág. 32)

Para comenzar

Da la tarea a los confirmandos de que busquen en los periódicos y revistas unos ejemplos sobre el mal en el mundo. Pídeles que, por orden, presenten sus conclusión y que las comenten brevemente. Indica que el hombre es el responsable de algunas de esas cosas que han escogido, ya que causan el dolor a otros o lo aceptan, pero en otros casos parece que nadie es el responsable directo.

INTERCAMBIO

Pregunta a los confirmandos si consideran que en el mundo predomina lo bueno o si predomina lo malo.

NOTA: Algunos en el grupo serán de la opinión de que el mal es necesario para poder reconocer el bien y para valorarlo realmente. Sin el mal, no habría bien. Posiblemente puedas tratar este error dualista diciendo que para poder saborear y disfrutar de un helado con nata no es necesario haber comido antes algo asqueroso. Detrás de este argumento está la experiencia real de que el bien puede perder su encanto cuando se repite constantemente. Ahí el problema sería la variedad o el cambio y no la ausencia del mal. Un mundo sin mal no sería un aburrimiento monótono. Ese peligro se daría solo en un mundo sin cambio, pero eso no es lo que Dios ha planeado para nosotros.

Transición

Puedes llevarlos hacia el siguiente punto de una manera similar a esta: "Ahora vamos a ocuparnos de la respuesta que da el cristianismo a la pregunta sobre cómo entró el mal en el mundo. Un mundo que Dios había planeado muy bien y que así lo había creado".

PARTE CON LA BIBLIA: LA CAÍDA DEL PECADO

Leed conjuntamente el relato de la Caída (B → **Gn 2,16-17 3,1-13.17-19.23-24**).

Input

Explica a tus confirmandos que el texto de Adán, Eva y la serpiente nos ofrece una imagen de cómo llegó el mal al mundo. A través de este lenguaje tan plástico, se presenta a Dios de una manera muy humana, como cuando va caminando por el jardín y Adán y Eva pueden escuchar sus pasos. La serpiente representa una personificación del mal, que intenta distanciar a las personas de Dios.

Diálogo dirigido sobre la Biblia

Examina ahora el texto bíblico con tus jóvenes de manos de las siguientes preguntas. Ya que el texto de la Caída es realmente denso, podrás ir añadiendo continuamente informaciones adicionales que hemos escrito debajo de la pregunta para que te ayuden a comentarlo.

***¿Con qué truco intenta la serpiente engañar a Adán y Eva para que coman el fruto* (B → Gn 3,1)?**

La serpiente presenta el mandamiento de Dios (B → **Gn 2,16-17**) intencionadamente mal para sembrar la incomprensión. Primeramente Eva rechaza la tentación, pero entonces presenta el mandato mucho más duro de lo que era. (B → **Gn 3,3**).

***¿Qué les promete la serpiente* (B → Gn 3,4-5)?**

Cuando la serpiente habla del "conocimiento del bien y del mal", no se refiere a la simple distinción de los actos buenos y malos, de lo que ya era el hombre capaz por su conciencia, sino que se refiere en un sentido amplio, que se asemeja más a la omnisciencia de Dios. Por eso les promete la serpiente que van a ser como Dios. Con esto, la serpiente provoca en el hombre el deseo de determinarse a sí mismo, determinar qué es bueno y qué es malo, y a través de esto se alejan de Dios. Y en esto radica el pecado.

¿Por qué Eva se decide por comer el fruto prohibido (**B → Gn 3,6**)?

Eva queda cegada por la promesa vacía de la serpiente, solo ve las presuntas ventajas de la fruta prohibida y se justifica a sí misma, aunque sabe que su decisión no es la correcta.

El diálogo entre Eva y la serpiente representa el conflicto interior de nuestra conciencia cada vez que nos debatimos entre la seducción del pecado y la voz de Dios. Desconfiar de que Dios quiere lo mejor para nosotros a través de su mandato, que es lo que aquí provoca con éxito la serpiente, hace que tomemos la decisión de actuar contra Dios.

¿Qué consecuencias tiene el incumplimiento del mandato de Dios respeto a la relación entre Dios y los hombres (**B → Gn 3,7-8.23-24**)?

La desobediencia consciente de la voluntad de Dios separa al hombre de Dios. Esto se ve claramente en el texto cuando Adán y Eva sienten vergüenza y se esconden de Dios. La armonía original entre Dios y el hombre queda rota por la decisión misma del hombre. El texto narra "la expulsión del Paraíso" como un castigo que Dios impone al hombre. Pero, en realidad, es la consecuencia necesaria de la decisión del hombre de ponerse en contra de Dios y de romper la relación armoniosa con Él, el Paraíso.

¿Qué consecuencias tiene el incumplimiento del mandato de Dios respecto a la relación de los hombres entre sí (**B → Gn 3,12-13.16**)?

La armonía en las relaciones entre las personas también queda destruida por el pecado. En el texto se ve claramente, cuando Adán y Eva sienten vergüenza ante el otro y se cubren con hojas de higuera. Pero la discordia entre las personas trae más consecuencias: Adán y Eva se echan la culpa entre ellos. Eva le echa la culpa a la serpiente, y Adán culpa a Eva e, incluso, le echa la culpa al mismo Dios. Y este comportamiento inapropiado entre las personas sigue marcando nuestra manera de relacionarnos hoy en día. Y esto no fue planeado por Dios, sino la consecuencia de la caída en el pecado.

¿Qué consecuencias tiene la caída en el pecado para toda la creación (**B → Gn 3,17-19**)?

Por medio del primer pecado de la historia no solo quedó rota la relación entre Dios y las personas, y entre las personas entre sí, sino que también toda la creación perdió la armonía original. Se presenta claramente en el texto cuando se habla de la maldición del suelo. En el estado de armonía del Paraíso, la comida estaba asegurada a través de los distintos frutos, pero ahora se ha unido la tierra al duro trabajo y a las fatigas. Toda la creación se ha roto. La vida está ahora marcada por el sufrimiento y la muerte. El mundo ya no es tan perfecto como lo había creado Dios, sino que ha sido dañado por el pecado. Pero no está totalmente destruido, y se puede descubrir la mano de Dios, por ejemplo, en la belleza del mundo, pero esto convive con el mal. Aquí es muy importante tener claro que es el hombre el que ha causado todo esto a través de su decisión de pecar. La destrucción de la armonía no forma parte de la voluntad de Dios (aunque a veces el lenguaje plástico del Antiguo Testamento pueda sugerirlo), sino la consecuencia de la actuación humana.

NOTA: Podría ser también una pregunta oportuna de tus confirmandos por qué Dios puso un árbol prohibido en medio del jardín como para hacer caer en la tentación al hombre. También aquí, el texto utiliza un lenguaje plástico. Se trata de la libertad que Dios ha regalado a las personas. Porque, para poder amar a Dios de verdad, es necesario ser libre. Si no, no sería amor. Pero la verdadera libertad siempre lleva consigo la posibilidad catastrófica de elegir mal y con ello, incluso, romper la propia libertad. El árbol en medio del jardín es una imagen para este dilema de la libertad.

PARTE CON EL YOUCAT:
Leed todos juntos **Y → 68** (¿Pecado original? ¿Y qué tenemos que ver nosotros con el pecado original de Adán y Eva?) y compartid vuestros comentarios sobre el texto.

Input sobre el pecado
Piensa, por un momento, de nuevo en un hombre que se separa de Dios por el pecado (y no al revés, como si Dios estuviera un poco ofendido o enfadado) y explícalo con la ayuda del cómic "El hombre dinamita la unión con Dios". Como a través del pecado original, cada uno de nuestros pecados que realizamos ahora nos separa de Dios. A través de ellos el hombre dinamita su unión con Dios y se aparta más y más de Él. Esta zanja provocada por el hombre no la puede arreglar el hombre por sí solo con su fuerza (cfr. **Y → 162**).

En las próximas sesiones
Explica a tus confirmandos que, a pesar de la separación que ha causado el hombre, Dios sigue buscando constantemente la unión con nosotros. Y para arreglar esta zanja que hemos causado, envió a su Hijo, y así librarnos del pecado. En las próximas sesiones veremos cómo se ha desarrollado este plan de Dios.

Terminamos con una oración
Padre celestial,
¡quiero mostrar la gloria de tu Nombre!
Tu reinado ya ha comenzado,
y deseo que solo tú seas el Rey,
como en el cielo, en mi alma y en todo el mundo.
Déjame conocer tu voluntad, amarla y cumplirla:
que se haga tu voluntad en la tierra y en mi vida.
Alégrame con el pan que me regalas,
y que lo comparta, agradecido, con los demás.
Ayúdame a darme a los demás y no ser rencoroso;
pues sé que Tú los amas y los tratas con misericordia,
como a mí me perdonas y me regalas un nuevo comienzo.
Y cuando me asecha la tentación, permanece a mi lado,
envíame tu Espíritu y fortalece mi voluntad,
para que pueda resistir la tentación con tu fuerza.
Libéranos, Señor, de las ataduras del mal,
y concédenos la paz en nuestros días.
Ven a nuestra ayuda con tu misericordia
y protégenos de la confusión y del pecado,
mientras esperamos, con total confianza,
la venida de nuestro salvador Jesucristo.
Solo a ti la gloria, la fuerza y la majestad
por los siglos de los siglos.
Amén.

SESIÓN

3

CATEGORÍA

CREATIVA

Por qué el mundo va mal

Tema y objetivo:
Pecado original y pecado personal
El hombre se separa de Dios por el pecado. El primer pecado rompe la armonía entre Dios y la creación y sus efectos llegan hasta hoy ("el pecado original").

Preparación
- Hazte con un par de periódicos y revistas actuales, además de unas tijeras para cada confirmando.
- Fotocopia el cómic "El pecado dinamita la unión con Dios" (véase pág. 32).

Para comenzar
Da a los confirmandos la tarea de que busquen en los periódicos y revistas unos ejemplos sobre el mal en el mundo. Pídeles que, por orden, presenten sus conclusiónes y que las comenten brevemente. Indica que el hombre es el responsable de algunas de esas cosas que han escogido, ya que causan el dolor a otros o lo aceptan, pero en otros casos parece que nadie es el responsable directo.

INTERCAMBIO
Pregunta a los confirmandos si consideran que en el mundo predomina lo bueno o si predomina lo malo.

NOTA: Algunos en el grupo serán de la opinión de que el mal es necesario para poder reconocer el bien y para valorarlo realmente. Sin el mal, no habría bien. Posiblemente puedas tratar este error dualista diciendo que para poder saborear y disfrutar de un helado con nata no es necesario haber comido antes algo asqueroso. Detrás de este argumento está la experiencia real de que el bien puede perder su encanto cuando se repite constantemente. Ahí el problema sería la variedad o el cambio y no la ausencia del mal. Un mundo sin mal no sería un aburrimiento monótono. Ese peligro se daría solo en un mundo sin cambio, pero eso no es lo que Dios ha planeado para nosotros.

Transición
Puedes llevarlos hacia el siguiente punto de una manera similar a esta: "Ahora vamos a ocuparnos de la respuesta que da el cristianismo a la pregunta sobre cómo entró el mal en el mundo. Un mundo que Dios había planeado muy bien y que así lo había creado".

Teatro sobre la Caída
Divide a tus confirmandos en dos grupos. Dales unos 15 minutos para preparar una pequeña obra de teatro improvisado basándose en el texto **B → Gn 2,15-17 y 3,1-13.**
Al primer grupo dale el encargo de representar cómo la serpiente, o el diablo, intenta hacer que Eva coma del árbol del conocimiento. La presentación ha de representarse con tranquilidad y no hace falta ceñirse al texto bíblico, pero sí debe ser fiel al sentido del argumento.
El segundo grupo prepara cómo Dios, Adán y Eva reaccionan tras la caída en el pecado. También aquí, sobre todo, ha de verse claro que la presentación coincide en lo esencial con las reacciones descritas.

INTERCAMBIO
Después de la representación de las dos pequeñas obras de teatro y sus correspondientes felicitaciones a los actores, intercambiad lo que a los confirmandos, ya sea en la preparación o durante la observación de la obra, les ha quedado especialmente claro.

En este intercambio han de aparecer los siguientes aspectos (con tu ayuda):

- Cuando la serpiente habla del "conocimiento del bien y del mal", no se refiere a la simple distinción de los actos buenos y malos, de lo que ya era el hombre capaz por su conciencia, sino que se refiere en un sentido amplio, que se asemeja más a la omnisciencia de Dios. Por eso les promete la serpiente que van a ser como Dios. Con esto, la serpiente provoca en el hombre el deseo de determinarse a sí mismo, determinar qué es bueno y qué es malo, y a través de esto se alejan de Dios. Y en esto radica el pecado.

- El diálogo entre Eva y la serpiente representa el conflicto interior de nuestra conciencia cada vez que nos debatimos entre la seducción del pecado y la voz de Dios. Desconfiar de que Dios quiere lo mejor para nosotros a través de su mandato, que es lo que aquí provoca con éxito la serpiente, hace que tomemos la decisión de actuar contra Dios.

- La consecuencia del pecado es la separación de Dios. No obstante, es el hombre el que, a través de su decisión activa, se aleja de Dios y, con su propio comportamiento, construye una zanja entre Dios y el hombre. Esta zanja, que él mismo ha construido, no se puede arreglar con su propio esfuerzo.

- El pecado genera la discordia entre las personas: Adán y Eva se echan la culpa entre ellos. Eva le echa la culpa a la serpiente, y Adán culpa a Eva e, incluso, intenta echarle la culpa al mismo Dios ("La mujer que me diste como compañera", B → **Gn 3,12**).

NOTA: Podría ser también una pregunta oportuna de tus confirmandos por qué Dios puso un árbol prohibido en medio del jardín como para hacer caer en la tentación al hombre. También aquí, el texto utiliza un lenguaje plástico. Se trata de la libertad que Dios ha regalado a las personas. Porque, para poder amar a Dios de verdad, es necesario ser libre. Si no, no sería amor. Pero la verdadera libertad siempre lleva consigo la posibilidad catastrófica de elegir mal y con ello, incluso, romper la propia libertad. El árbol en medio del jardín es una imagen para este dilema de la libertad.

Input sobre el pecado

Piensa, por un momento, de nuevo en un hombre que se separa de Dios por el pecado (y no al revés, como si Dios estuviera un poco ofendido o enfadado) y explícalo con la ayuda del cómic "El hombre dinamita la unión con Dios". Al principio se daba una comunión entre Dios y los hombres.
Pero, a través del pecado, el hombre dinamita su unión con Dios y se aparta de Él. Esta zanja, provocada por el hombre, no la puede arreglar el hombre por sí solo con su propia fuerza (cfr. Y → **162**).

Parte con el YOUCAT

Leed todos juntos YOUCAT Y → **68** (¿Pecado original? ¿Y qué tenemos que ver nosotros con el pecado original de Adán y Eva?) y compartid vuestros comentarios sobre el texto.

Input sobre las consecuencias del pecado original

Explica a tus confirmandos que la decisión de Adán y Eva de posicionarse contra Dios no solo ha causado una "ruptura" en la relación de todos los hombres con Dios, porque eso es lo que trae consigo la desconfianza en Dios del pecado original, sino que, además, este primer pecado ha introducido una ruptura en la creación entera. El mundo ya no está perfecto, como Dios lo había creado, sino que se encuentra dañado por el pecado. Pero no está totalmente destruido, y se puede descubrir la mano de Dios, por ejemplo, en la belleza del mundo, pero esto convive con el mal.

En las próximas sesiones

Explica a tus confirmandos que, a pesar de la separación que ha causado el hombre, Dios sigue buscando constantemente la unión con nosotros. Y para arreglar esta zanja que hemos causado, envió a su Hijo, y así librarnos del pecado. En las próximas sesiones veremos cómo se ha desarrollado este plan de Dios.

Terminamos con una oración

Padre celestial (véase pág. 29).

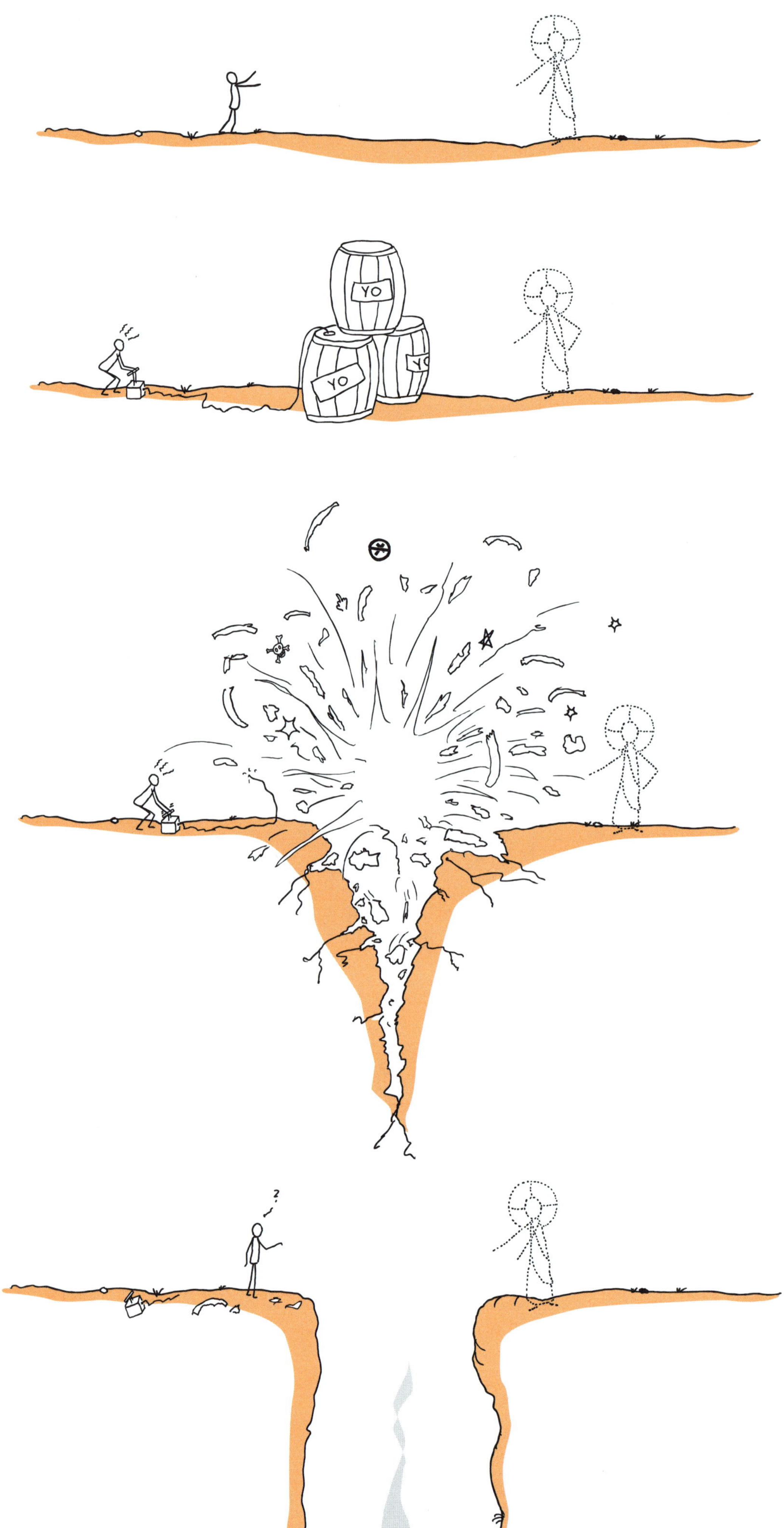
YO
YO
YO

4

El Hijo del Altísimo:

Jesús - más que solo un hombre

Fundamentos teológicos

Algunos siguen afirmando que Jesús de Nazaret nunca ha existido. Ante esta afirmación tienes que plantearte si se refiere a que una persona de la antigüedad, tan bien documentada con testimonios cristianos y no cristianos, no existe: entonces puedes remediar esta sencilla ignorancia con un poco de investigación. O si se refiere a que Jesús fue alguien totalmente distinto al que nosotros vemos, por tanto, nada de eso del Hijo de Dios y la resurrección, sino un predicador ambulante judío y que sigue vivo en su mensaje y eso. Seguro que lo has escuchado alguna vez. Es un argumento bastante bueno que nadie se dejaría atrapar, torturar y ejecutar por la fe en un gurú chiflado, pero la incredulidad puede ser muy testaruda.

Así que Jesús y Dios y todo eso son pura mitología, como estaban acostumbrados en la cultura helenística de aquel tiempo. Los dioses tienen sexo y engendran hijos con mujeres o, de otra manera, las diosas tienen hijos con hombres. Estos niños son semidioses, como Hércules. Pero Jesús de Nazaret no es ningún semidiós. Él era verdadero Dios y verdadero hombre (**Y → 77**), totalmente Dios y totalmente hombre. Por medio de Jesús, el Dios invisible se hace visible. Y se hace hombre como nosotros. **Y → 9**

La fe en Jesucristo, el Hijo de Dios, no es algo tan griego como se pretende pensar.

La otra variante, que dominó casi todo el siglo IV y el V, y que hoy también se aprecia mucho, dice así: "Jesucristo era un hombre con una relación especial con Dios". Pero esto no hace justicia ni a lo que era Jesús ni a lo que dijo.

El mismo Jesús nos informa sobre el Dios trinitario: Él es el Hijo, que habla sobre su Padre del Cielo. **B → Jn 10,30**

Es Él quien pide al Padre que nos regale el Espíritu Santo, y el que manda bautizar en el nombre del Dios trinitario, en el nombre del Padre, y del Hijo y del Espíritu Santo. **B → Mt 28,19**

Nosotros creemos en un solo Dios en tres personas. No adoramos a tres dioses distintos, sino a un único Ser, que es trino y, sin embargo, uno. **Y → 35**

Este misterio de Dios no se entiende por sí mismo y es hasta cierto punto complicado de entender. Y claro que se puede uno preguntar por qué eso de que Dios es trino es así. La respuesta sería: porque Dios ya en sí mismo es amor. La relación entre las tres personas de la Trinidad entre sí es el amor. Dios es amor. Eso nos lo ha enseñado Jesucristo. **Y → 36**

Y porque Dios es amor, ha venido a nosotros en Jesucristo, hecho hombre, ha venido a su amada creación siendo uno de nosotros. **Y → 76**

Jesús no fue ningún gurú que tuvo muchos seguidores, con los que mantuvo un comportamiento distante para mantener su estatus o su rol. Él no se sentó imperturbable en su trono recibiendo regalos y homenajes, no. Jesús mostraba sus sentimientos y trataba a las personas como iguales. **Y → 79**

- Jesús tiene amigos, llora: **B → Jn 11,17-44** (Resurrección de Lázaro)
- Jesús se retira, reza, está triste: **B → Mt 26,36-46** (Huerto de los Olivos, **Y → 100**)
- Jesús llora: **B → Lc 19,41**
- Jesús duerme: **B → Mt 8,24**
- Jesús quiere retirarse con sus apóstoles a descansar: **B → Mk 6,31**
- Jesús se enfurece: **B → Jn 2,15-17** (Mercaderes en el templo)
- Jesús es tentado por el demonio: **B → Mt 4,1-11, Y → 88**
- Jesús comprende nuestra debilidad: **B → 4,4-16**

Era un hombre de verdad, un hombre de carne y hueso. En la primera cita que hemos listado anteriormente, la resurrección de Lázaro, se nos enseña: Él es el señor de la vida y de la muerte. Él realiza algo que solo Dios puede hacer. Devuelve un muerto a la vida. No es que pareciera que estaba muerto, ni había tenido un paro cardíaco o respiratorio y a través de la reanimación después de un cuarto de hora se volviera a levantar. Este Lázaro llevaba ya cuatro días muerto. Jesús oró al Padre, y le dijo que saliera.

Esta historia nos muestra cómo Jesús, por una parte, se comporta como un hombre conmovido por la muerte de un amigo y, por otra parte, vemos cómo Jesús, mediante su realmente íntima relación con el Padre (ya desde el seno de la Trinidad), tiende un puente desde la caducidad, lo mortal y la muerte, que caracterizan a la humanidad caída, hasta lo eterno, lo inmortal y la vida verdadera, que no tiene fin. Un puente, en definitiva, hasta Dios mismo. Por eso se dice en un canto religioso: "Misterio de la fe: en la muerte está la vida". Este misterio se revela en plenitud en la Pascua, cuando el mismo Jesús resucita de la muerte.

Este puente que Jesús, Dios y hombre, tiende desde los hombres a Dios, desde la muerte a la vida, es la clásica función mediadora: el sacerdote como mediación entre los hombres y Dios. La peculiaridad de este mediador es, por un lado, que no es un médium extasiado, ni un gurú alejado de la realidad, ni un inaccesible funcionario del culto, sino un hombre que siente como nosotros, que fue tentado de la misma manera que nosotros, que conoce nuestras debilidades y que nos ama. Y este mediador tiene una segunda peculiaridad: para Él no es necesario destacar, ni organizar numeritos ni montar espectáculos. Porque Él ya es Dios, y nos muestra a Dios con su amor por nosotros.

SESIÓN 4

CATEGORÍA

¿Quién es Jesús?

Tema y objetivo:
Jesús es verdadero hombre y verdadero Dios.
Jesús conoce perfectamente cómo es el hombre, porque Él mismo se ha hecho hombre.

Preparación

- Hazte con una ruleta con letras como la del juego "Scattergories" o cualquier otro juego, con las letras del abecedario del juego "Scrabble" o haz tú mismo unas tarjetas de cartulina con las letras.
- Fotocopia el puzle sobre Jesús del apartado de material y pégalo sobre un cartón para que quede estable. Recorta cada una de las piezas del puzle. Si tienes un grupo muy grande, puedes hacer una fotocopia ampliada del puzle en un formato DIN A-3.

Para comenzar
Por turnos, cada uno de los confirmandos debe escoger una letra con la ruleta, o con las piezas del "Scrabble" o de las tarjetas de cartulina. Tan pronto como conozca su letra, debe decir inmediatamente un término que empiece por esa letra y que tenga que ver con Jesús.

Cuando la relación con Jesús no está clara, pregunta tranquilamente y dile que te explique por qué ha escogido ese término. Si alguno de los participantes dice un término que no es apropiado, no temas tomar medidas e intentar contrarrestarlo.

Transición al tema
Deja que los jóvenes jueguen un par de rondas y termina el juego con unas palabras como las siguientes: "Habéis nombrado unos cuantos términos que tienen que ver, más o menos, con Jesús. Hoy queremos ocuparnos de algunos aspectos importantes sobre Jesús".

Puzle sobre Jesús: ¿hombre o Dios?

Divide a tus jóvenes en dos grupos. Un grupo debe fijarse especialmente en los siguientes textos de la vida de Jesús en aquello que indique que Jesús es un hombre. El otro grupo se fijará en todo lo que indique que Jesús es Dios.

Coloca en el medio las piezas del puzle que ponen "Jesús", "Hombre" y "Dios", de manera que todos los miembros del grupo puedan verlo.

Ahora lee en voz alta, en este orden, los siguientes textos del Nuevo Testamento (o, si prefieres, cuéntalos):

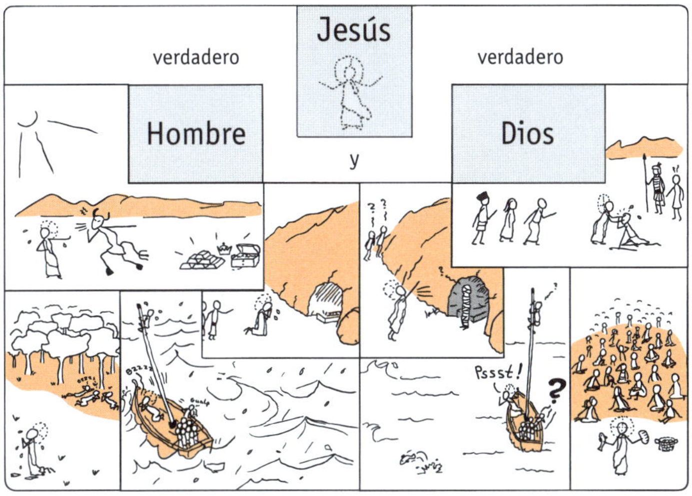

B → **Mt 4,1-11:** Jesús tuvo hambre tras el ayuno en el desierto y fue tentado por el demonio.
B → **Mc 10,46-52:** Curación del ciego Bartimeo.
B → **Lc 22,39-45:** Jesús tiene miedo ante la muerte y reza en el Monte de los Olivos.
B → **Lc 9,12-17** El milagro de los panes y los peces.
B → **Mc 4,35-41:** La tormenta en el lago, Jesús calma la tormenta cuando los discípulos le despiertan.
B → **Jn 11,17-19.34-41.43-44:** Jesús se entristece por Lázaro y lo despierta de la muerte.

Deja que, después de cada texto, los grupos tomen la palabra.

Después de leer "Jesús es tentado por el demonio", coloca la pieza del puzle "Hambre y tentación" en el lado de la humanidad de Jesús. Aun cuando se podría argumentar aquí que Jesús ha resistido las tentaciones (¡lo que teológicamente es muy importante!), en el fondo cualquier hombre podría haberlo hecho. De hecho, todos estamos llamados a no caer en las tentaciones del mal.

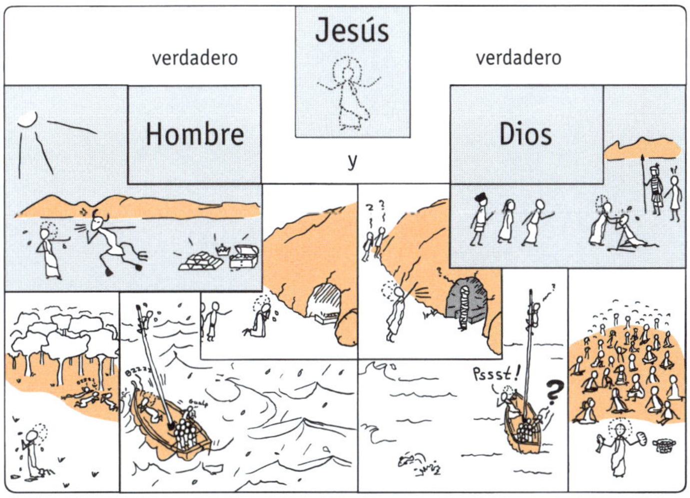

La "Curación del ciego" muestra el poder divino que tiene Jesús. Pon la pieza del puzle en el lado de la divinidad.

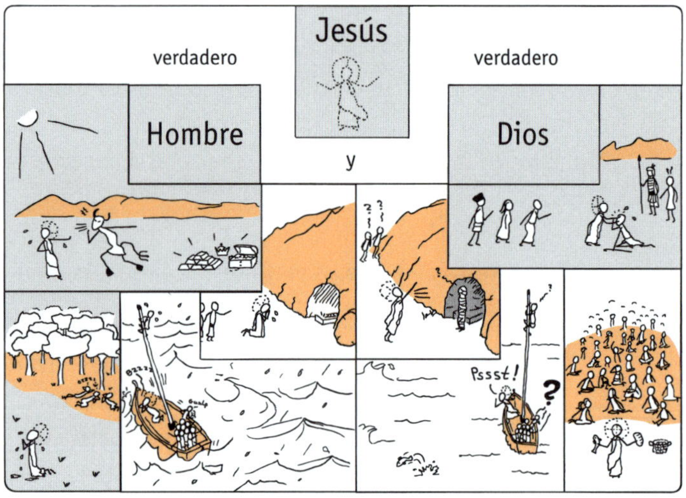

El *Miedo de Jesús ante la muerte* muestra claramente su lado humano. La pieza del puzle pertenece al lado de su humanidad.

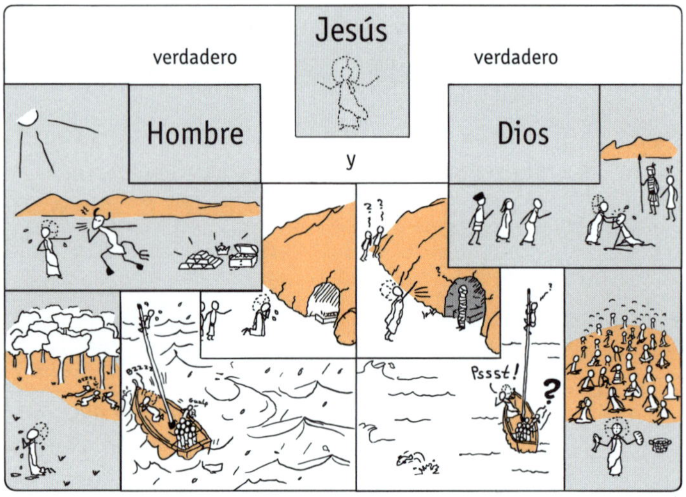

El *Milagro de los panes y los peces* muestra con claridad su fuerza divina y, por tanto, pertenece al lado divino de Jesús.

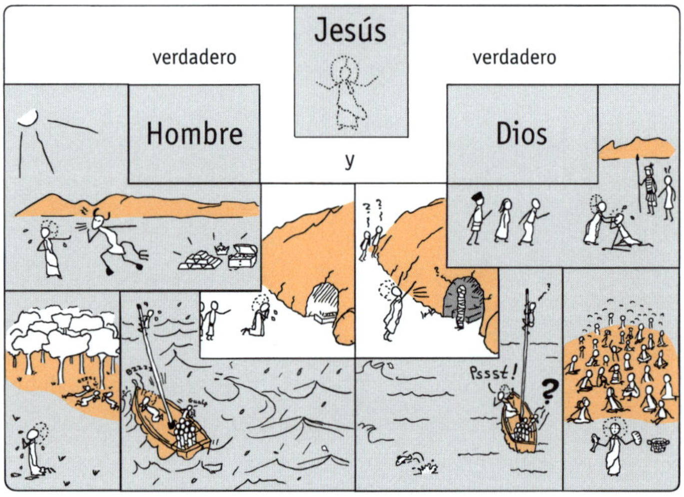

En el texto sobre la *Tormenta en el lago* se puede reconocer tanto el lado humano como el divino de Jesús. Dormirse mientras hay una tormenta puede mostrar, de alguna manera, un aspecto humano y despreocupado de Jesús, la fuerza sobre la violencia de la naturaleza muestra claramente su divinidad. Coloca cada una de las piezas del puzle paralelamente en las dos partes.

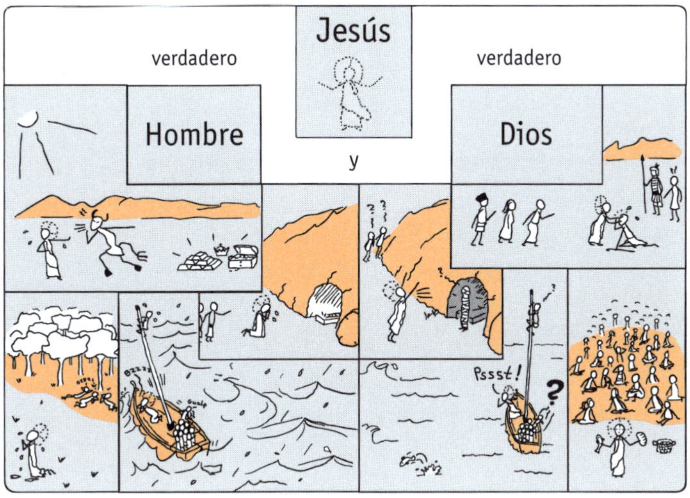

En la "resurrección de Lázaro" se ve el poder de Jesús sobre la muerte, por lo que queda clara su divinidad. Pero, de la misma manera, su tristeza por la muerte de Lázaro nos muestra su humanidad. Coloca también ahora cada una de las piezas en las dos partes del puzle.

INTERCAMBIO
Otorga a los confirmandos un poco de tiempo para que dialoguen sobre los resultados que tenemos hasta ahora. Puedes comenzar la discusión preguntando por su opinión actual sobre si Jesús era hombre o si era Dios.

Input
Coloca la pieza que falta "verdadero – y – verdadero" en el puzle. Explica a tus confirmandos que Jesús es totalmente hombre y totalmente Dios, no una mezcla ni un semidiós. Como preparación puedes leer la pregunta. **Y → 77**

Input
Lee con tus confirmandos el texto **B → Heb 4,15:** *"No tenemos un Sumo Sacerdote incapaz de compadecerse de nuestras debilidades, sino que ha sido probado en todo, como nosotros, menos en el pecado".*

Trabajo en grupo
Da a tus jóvenes de unos diez a quince minutos para que reflexionen en pequeños grupos acerca de las siguientes preguntas:

- ¿Qué ventajas tiene que aquel que aboga por nosotros ante Dios sepa cómo es ser humano, con todos los sentimientos y con la experiencia de haber sido tentado?
- ¿Qué ventaja tiene que aquel que intercede por nosotros ante Dios sea también Él mismo Dios?

Intercambio de ideas sobre los resultados del trabajo en grupo
Que cada uno de los grupos presente brevemente sus conclusiones. En la presentación o en el diálogo tiene que quedar claro que Jesús, como verdadero hombre, está en el lugar de entender realmente nuestros problemas y sentimientos, ya que Él mismo los ha vivido. Incluso esto es válido para las situaciones en las que nos sintamos tentados o, incluso, cuando pequemos, porque Él también fue tentado (sin llegar nunca a pecar **Y → 88**).

Terminamos con una oración
Señor Jesucristo:
Tú te hiciste hombre y conoces todo lo que pasamos en nuestra vida. Tú conoces lo difícil que es ser humano, y conoces también la fuerza de la tentación. Permanece a nuestro lado en la vida y ayúdanos cada vez que queramos desviarnos por el camino equivocado.
Amén.

SESIÓN 4

CATEGORÍA

¿Quién es Jesús?

Tema y objetivo:
Jesús es verdadero hombre y verdadero Dios.
Jesús conoce perfectamente cómo es el hombre, porque Él mismo se ha hecho hombre.

Preparación

- Hazte con una ruleta con letras como la del juego "Scattergories" o cualquier otro juego, con las letras del abecedario del juego "Scrabble" o haz tú mismo unas tarjetas de cartulina con las letras.
- Fotocopia la hoja de trabajo para cada uno de los participantes y no olvides unos lápices.

Para comenzar

Por turnos, cada uno de los confirmandos debe escoger una letra con la ruleta, o con las piezas del "Scrabble" o de las tarjetas de cartulina. Tan pronto como conozca su letra, debe decir inmediatamente un término que empiece por esa letra y que tenga que ver con Jesús.

Cuando la relación con Jesús no está clara, pregunta tranquilamente y dile que te explique por qué ha escogido ese término. Si alguno de los participantes dice un término que no es apropiado, no temas tomar medidas e intentar contrarrestarlo.

Transición al tema

Deja que los jóvenes jueguen un par de rondas y termina el juego con unas palabras como las siguientes: "Habéis nombrado unos cuantos términos que tienen que ver, más o menos, con Jesús. Hoy queremos ocuparnos de algunos aspectos importantes sobre Jesús. Para ello vamos a consultar la fuente más importante que tenemos sobre Jesús: la Biblia".

Parte con la Biblia

B → Jn 11,17-19.34-41.43-44

Leed juntos el texto del Evangelio de san Juan. Lo mejor es que lean del capítulo 11 los versículos del 17 al 19 y luego los versículos del 34 al 43. Si quieres puedes saltarte el versículo 42, ya que quizá puede inducir a confusión.

Hoja de trabajo

Da a cada uno de los confirmandos la hoja de trabajo "Jesús resucita a Lázaro" y pídeles que trabajen en silencio los siguientes diez minutos. Si fuera necesario, advierte de que no se trata de un examen ni de un concurso. Los confirmandos han de escoger las respuestas que coincidan realmente con su opinión.

Intercambio

El cuestionario nos sirve como motivo para dialogar sobre el texto, en el que podemos ver especialmente claras tanto la humanidad como la divinidad de Jesús. En los sentimientos que se describen y, sobre todo, en el llanto de Jesús por la muerte de su amigo Lázaro se pone de manifiesto que es realmente humano; en la resurrección de Lázaro, por otro lado, podemos ver que es Dios.
Que tus confirmandos lean en orden las respuestas. En un caso normal, se desarrollará un diálogo sobre el texto. Pero si de ninguna manera se genera un diálogo, pasa directamente al apartado Resumiendo. Guía la conversación hacia los aspectos fundamentales si alguno de los jóvenes se entretiene con aspectos poco relevantes, pero sin forzar la discusión de determinados aspectos. Como ayuda, puedes terminar la discusión de la siguiente manera: "Junto con todos los aspectos que hemos discutido, hay dos cuestiones en el texto muy importantes" y continúa con el siguiente apartado.

Resumiendo

Resume la discusión con unas palabras como las siguientes: "En esta cita bíblica que hemos trabajado juntos, podemos ver muy bien dos cosas sobre Jesús: que Él es tanto verdadero hombre como verdadero Dios. Que Él es verdaderamente humano se puede ver fácilmente cuando se conmueve por la muerte de su amigo Lázaro e incluso llora. Pero se puede ver que a la vez es Dios sobre todo porque tiene el poder de devolver a Lázaro a la vida. Jesús no es medio hombre y medio dios, como su fuera un semidiós o algo así, sino que Jesús es verdadero Dios y verdadero hombre, como los teólogos han formulado. Ahora vamos a mirar en el YOUCAT qué significa eso exactamente".

PARTE CON EL YOUCAT
Leed juntos en el YOUCAT la pregunta **Y → 77**. Para completar, en caso necesario, podéis leer también la pregunta 100.

INTERCAMBIO
Hablad juntos sobre el texto del YOUCAT y sobre cómo se puede entender que Jesús sea verdadero hombre y verdadero Dios.
Si en el diálogo no sale la pregunta de por qué eso es tan importante o qué sacamos nosotros con ello, plantea tú mismo la cuestión al final del diálogo: "¿Qué significa para nosotros como cristianos que Jesús es verdadero hombre y verdadero Dios?".

PARTE CON LA BIBLIA
B → Heb 4,14-16

Leed en grupo el texto bíblico. Aclara que el sumo sacerdote tenía una función mediadora entre Dios y los hombres en el judaísmo antiguo.

INTERCAMBIO
Para la discusión puedes utilizar las siguientes preguntas:
- ¿Qué ventajas tiene que aquel que aboga por nosotros ante Dios sepa cómo es ser humano, con todos los sentimientos y con la experiencia de haber sido tentado?
- ¿Qué ventajas tiene que nuestro mediador ante Dios sea Él mismo Dios?

En el diálogo tiene que quedar claro que Jesús, como verdadero hombre, está en el lugar de entender realmente nuestros problemas y sentimientos, ya que Él mismo los ha vivido. Incluso esto es válido para las situaciones en las que nos sintamos tentados o, incluso, cuando pequemos, porque Él también fue tentado (sin llegar nunca a pecar: **Y → 88**).

Terminamos con una oración
Señor Jesucristo:
Tú te hiciste hombre y conoces todo lo que pasamos en nuestra vida. Tú conoces lo difícil que es ser humano, y conoces también la fuerza de la tentación. Permanece a nuestro lado en la vida y ayúdanos cada vez que queramos desviarnos por el camino equivocado.
Amén.

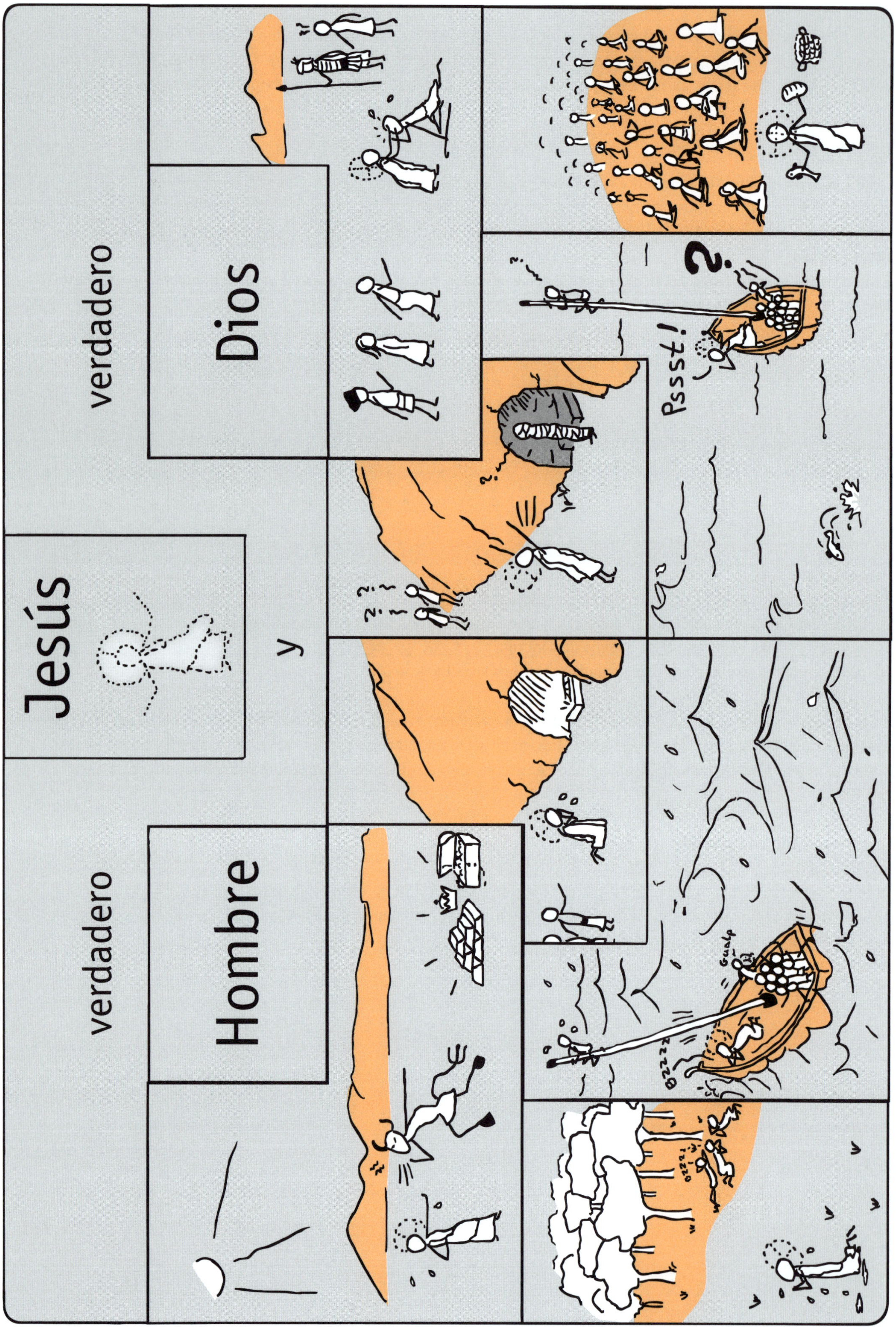
Jesús
verdadero
Hombre
y
verdadero
Dios
Pssst!
Gulp
Bzzzz

Jesús resucita a Lázaro

Jn 11,17-19.34-41.43-44

1. ¿Qué es lo que más te ha sorprendido en el texto sobre la resurrección de Lázaro?

- ☐ Que Jesús podía resucitar a los muertos.
- ☐ Que Jesús lloró por la muerte de Lázaro.
- ☐ Que Lázaro había sido enterrado en una cueva.
- ☐ Que Jesús no había evitado que Lázaro muriera.
- ☐ Que alguien se crea de verdad esta historia.
- ☐ ______________________________

2. ¿Qué expresa, según tú, este texto sobre Jesús?

- ☐ Jesús es un blandengue, porque se pone a lloriquear en público.
- ☐ Jesús es un mago poderoso que puede resucitar a los muertos.
- ☐ Jesús es Dios.
- ☐ Jesús es verdadero Dios y verdadero hombre.
- ☐ ______________________________

____

3. ¿Qué es lo más importante para ti del texto de Lázaro?

- ☐ Jesús es un hombre que tiene sentimientos y puede ponerse triste.
- ☐ Jesús es Dios y puede resucitar a los muertos.
- ☐ Jesús es un hombre y tiene amigos.
- ☐ Jesús es Dios y no es posible entablar una amistad con Él.
- ☐ Este texto no tiene ninguna importancia para mí.
- ☐ ______________________________

____

4. ¿Quién es Jesús para ti?

- ☐ Un personaje inventado, algo así como Harry Potter.
- ☐ Un maestro sabio que tuvo un par de buenas ideas hace 200 años.
- ☐ Un profeta que nos muestra, por encargo de Dios, cómo debemos vivir.
- ☐ El Hijo de Dios.
- ☐ ______________________________

____

5

¿EL DIOS DE UNA CARNICERÍA?

¿Por qué tuvo que morir Jesús?

Fundamentos teológicos

Precisamente Jesús, en quien nuestro anhelo reconoce a la bondad personificada, fue ejecutado de la manera más cruel posible. ¿Por qué? Y parece como si se hubiera entregado a su padecimiento plenamente consciente y por su propia voluntad. Y también aquí: ¿por qué? **Y → 96, 97**

Nuestras dificultades en el capítulo anterior para comprender la relación entre Dios y hombre en Jesucristo también fueron las de sus contemporáneos: ¿era Dios el que actuaba poderosamente en Jesús o era el Nazareno un estafador, un blasfemo? Para la blasfemia contemplaba la ley judía religiosa la pena de muerte; Jesús fue condenado y ejecutado por la fuerza ocupante romana con el castigo más cruel y humillante de su tiempo. **Y → 101**

Cuidado: no podemos pasar de largo la pregunta sobre quién es exactamente el culpable de la muerte de Jesús en la cruz ya que, en realidad, cada uno de nosotros lo hemos crucificado y lo seguimos crucificando hasta hoy: a través de nuestros pecados, como el odio, el cinismo, la pereza, la cobardía, la mentira y la traición.

En capítulos anteriores nos ha quedado claro que Dios no se queda de brazos cruzados viendo cómo el hombre, por la reacción en cadena del pecado, va destruyéndose a sí mismo y al mundo. ¿Y qué es exactamente lo que hace? Nos envía a Jesucristo, el Salvador y Redentor, que nos arranca del poder del pecado. **Y → 70**

Aquel que nos debía salvar tenía que ser humano como nosotros, que habíamos cavado la zanja infranqueable del pecado entre nosotros y Dios. Él tenía que ser, por un lado, un verdadero hombre, no un ser intermedio, ni un ángel. Porque Él tenía que representar a la humanidad, que se había alejado de Dios. Tenía que venir uno que fuera "igual que nosotros, menos en el pecado", una persona libre de pecado que se dirija a Dios, en el que confíe, que realice un cambio de rumbo. Su obediencia debía ser como la de Abrahán, que era capaz incluso de sacrificar a su hijo.

El profeta Isaías describió a este enviado de Dios en su famoso "Canto del siervo de Dios" (**B → Is 42,1-9; 49,1-9; 50,4-9; 52,13-53,12**). Este traerá la luz y el derecho a todas las naciones. Para ello, él mismo cargaría con la humillación y la vergüenza hasta la ofrenda de su propia vida y, a pesar de todo, para todos sus días (Capítulo 53). El sufrimiento del siervo que carga con nuestras culpas y nos justifica es la profecía de Cristo, del Mesías, que significa "ungido". El mismo Jesús resucitado explicó esto a sus discípulos, que iban de camino a Emaús (**B → Lc 24,25-27**). Y ellos han seguido anunciándolo (cfr. **B → Hch 8,30-35**).

Dios mismo toma en Jesucristo, hecho hombre, toda la fuerza de la lejanía de Dios. Y porque Dios es amor, la lejanía de Dios es odio y violencia. Y ya que Dios nos hizo por amor y la separación de Él, nuestro Creador, tiene que ser un dolor profundo (algunos hablan de la "Ofensa" a Dios), el camino para la salvación no puede ser más que un camino de sufrimiento. Jesús tomó el sufrimiento sobre sí. En Él se junta, se concentra, se focaliza toda la violencia de la ausencia de Dios hasta el "golpe mortal" en el que se manifiesta Dios en Jesucristo. Al final muere el "Dios hecho hombre". Pero Él mismo ha realizado la ofrenda de Abrahán. **Y → 73**

Y esto no fue ninguna casualidad ni ningún desarrollo trágico: Jesús fue "entregado conforme al plan que Dios tenía establecido y previsto" (**B → Hch 2,23**). Él mismo ya lo sabía: "... pero si por esto he venido, para esta hora" (**B → Jn 12,27**). Pertenece al conocimiento por la fe que esta era la consecuencia y la manifestación del amor de Dios. El Padre y el Hijo eran aliados inseparables en esta misión, dispuestos y totalmente deseosos de asumir sobre sí lo máximo por amor al hombre, llevar este amor contra toda la maldad del mundo hasta la cruz y entregarnos en la cruz el perdón. Por ambas partes se trata de un amor que demostró hasta el extremo de la Cruz. **Y → 98**

El papa Benedicto XVI realizó una meditación impresionante sobre cómo Jesús en el Huerto de los Olivos, en el huerto de Getsemaní, antes de padecer, unió su voluntad con la voluntad del Padre:

" 'No se haga mi voluntad, sino la tuya'. ¿Qué es mi voluntad? ¿Qué es tu voluntad, de la que habla el Señor? Mi voluntad es 'que no debería morir', que se le evite ese cáliz del sufrimiento; es la voluntad humana, de la naturaleza humana, y Cristo siente, con toda la conciencia de su ser, la vida, el abismo de la muerte, el terror de la nada, esta amenaza del sufrimiento. Y siente el abismo del mal más que nosotros, que tenemos esta aversión natural contra la muerte, este miedo natural a la muerte. Además de la muerte, siente también todo el sufrimiento de la humanidad. Siente que todo esto es el cáliz que debe beber, que debe obligarse a beber, aceptar el mal del mundo, todo lo que es terrible, la aversión contra Dios, todo el pecado. Y podemos entender que Jesús, con su alma humana, sienta terror ante esta realidad, que percibe en toda su crueldad: mi voluntad sería no beber el cáliz, pero mi voluntad está subordinada a tu voluntad, a la voluntad de Dios, a la voluntad del Padre, que es también la verdadera voluntad del Hijo. Así Jesús, en esta oración, transforma la aversión natural, la aversión contra el cáliz, contra su misión de morir por nosotros; transforma esta voluntad natural suya en voluntad de Dios, en un 'sí' a la voluntad de Dios".

Y ahora volvemos nuestra mirada hacia la inclinación humana, hacia la inclinación de cada uno de nosotros de oponernos a la voluntad de Dios. ¿Qué hace Jesús con su sufrimiento voluntario a través del cual toma los pecados de la humanidad entera, Él, a quien tenemos que seguir? *"Jesús tira de nuestra voluntad, que se opone a la voluntad de Dios, que busca autonomía; tira de nuestra voluntad hacia lo alto, hacia la voluntad de Dios. Este es el drama de nuestra redención, que Jesús eleva hacia lo alto nuestra voluntad, toda nuestra aversión contra la voluntad de Dios, y nuestra aversión contra la muerte y el pecado, y la une a la voluntad del Padre: 'No se haga mi voluntad, sino la tuya'. En esta transformación del 'no' en un 'sí', en esta inserción de la voluntad de la criatura en la voluntad del Padre, él transforma la humanidad y nos redime. Y nos invita a entrar en este movimiento suyo: salir de nuestro 'no' y entrar en el 'sí' del Hijo. Mi voluntad está allí, pero es decisiva la voluntad del Padre, porque esta es la verdad y el amor"* (Audiencia General del 20 de abril de 2011).

La Redención por Jesucristo la celebramos en Pascua. La fiesta de Pascua se conoce como el Triduo Pascual o, en latín, Triduum Paschale. El domingo previo celebramos la entrada de Jesús en Jerusalén: el Domingo de Ramos. El Jueves de la Semana Santa, que había comenzado el domingo, recuerda la Iglesia la Última Cena, la institución de la Eucaristía. Luego, tras la oración de Jesús en el Huerto de los Olivos, es prendido en el huerto de Getsemaní. Y con esto empieza su Pasión. El Viernes Santo es el día de la crucifixión, y por eso es día de ayuno y abstinencia. El Sábado Santo es el día del silencio de la sepultura de Jesús. Y el Domingo de Pascua celebramos la Resurrección.

La sucesión de estos días explica, al mismo tiempo, la Redención. Por el sufrimiento y la muerte en cruz, Jesucristo ha tomado los pecados de todo el mundo sobre sí mismo. Y se dirigió a la muerte siendo un verdadero hombre, no simplemente un dios inmortal al que nada le afecta. Y con esto llegamos a un punto realmente negro de la historia sagrada: la muerte de Dios. Recordamos que la muerte es el resultado del pecado original, la última consecuencia de la lejanía de Dios; que al final de la vida humana este regresa a Dios o el abandono de Dios nos lleva al "no" definitivo, a la muerte. Este es el abandono de Dios del que Jesús habla poco antes de su muerte. Por así decirlo, Dios entra a través de Jesucristo en la negación de sí mismo. Este reino de la muerte lo llaman los judíos el Sheol y los griegos el Hades. "Descendió a los infiernos", decimos en el Credo. Esto es el Sábado Santo.

SESIÓN

5

CATEGORÍA

EMOCIONAL

¿Por qué tuvo que morir Jesús?

Tema y objetivo:
Jesús muere por nosotros en la cruz.
Jesús ha sufrido por nosotros, nosotros podemos responder al guiar nuestra vida hacia Él.

Preparación

- Hazte con los siguientes objetos o con una representación de ellos: tres clavos, un martillo, una corona de espinas, un látigo. Si lo prefieres, puedes dibujarlos tú mismo.
- Consigue el cortometraje checo *Most - El puente* (Bobby Garabedian, 2003) y acórtalo a la duración de un videoclip. Encontrarás ejemplos para ello en distintos portales de películas en la red.

Para comenzar
Extiende ante los jóvenes los instrumentos de tortura (cosas que, por tanto, nos recuerdan al sufrimiento de Jesús). Espera para ver primero la reacción de tus confirmandos. Entonces podéis hablar de la Pasión de Jesús de la mano de estos instrumentos. Si fuera necesario, es importante destacar que Jesús sufrió de verdad, ya que es verdadero hombre.
Si esto fuera adecuado para tu grupo, puedes clavar un clavo grande con fuerza en una viga de madera, para ilustrar la crucifixión.

Transición
"Acabamos de ver que Jesús sufrió realmente mucho en su crucifixión. Ahora queremos ocuparnos de la pregunta de por qué Jesús, en realidad, acepta todo esto".
Si lo consideras oportuno, puedes indicar que Jesús habría tenido la posibilidad de huir o de esconderse. La ejecución no fue inevitable según las normas humanas.

PARTE CON LA BIBLIA
Lee con tu grupo
B → **Lc 22,7.14–15.19–20** (La última cena) y
B → **Jn 13,1.3–10.12–15; 15,12–13**

INTERCAMBIO
Comentad ahora entre vosotros qué indicaciones nos da el texto sobre por qué Jesús aceptó el sufrimiento de la Crucifixión.
Deben aparecer los siguientes aspectos. Si los confirmandos no los nombran, los puedes añadir tú mismo.

- "Este es mi Cuerpo, que será entregado por vosotros" o también "Este es el cáliz de la nueva Alianza sellada con mi sangre, que se derrama por vosotros": Jesús entrega su vida por sus discípulos y, con ello, también por nosotros. Y con ello, además, instaura la Eucaristía.
- Con el lavatorio de los pies, que normalmente realizaban los sirvientes, nos muestra que el amor es el motivo fundamental de su actuación.
- "No hay amor más grande que el de aquel que da la vida por sus amigos". Aquí vuelve a decir explícitamente Jesús que el amor por sus discípulos y por nosotros es el motivo por el que acepta el sufrimiento en la cruz.
- Y Él pide a sus discípulos y también a nosotros que amemos como Él amó.

PARTE CON EL YOUCAT
Leed juntos el YOUCAT Y → **101** ("¿Por qué tuvo Jesús que redimirnos precisamente en la Cruz?")

Transición
Puedes introducirlos en el siguiente punto de la siguiente manera o de otra parecida: "Si Dios ha sufrido y muerto de verdad, entonces no es un dios distante, que está sentado en algún sitio lejano sobre una nube y no tiene ni idea de cómo nos va. Él se ha hecho realmente cercano a nosotros. Pero la muerte de Jesús tiene un sentido profundo".

Input: El pecado nos separa de Dios

Recuerda a tu grupo con el dibujo de "antes de la zanja" el problema de que el hombre se separa de Dios a través del pecado y que esta separación no se puede arreglar por su solo esfuerzo (cfr. sesión nº 3 sobre el pecado). Y ahora se encuentra Dios ante el siguiente problema: Él quiere estar en comunión con nosotros los hombres (cfr. el plan de Dios para nosotros), pero el hombre ya no puede volver a Él. Pero Dios no puede hacer ahora simplemente como si no existiera esa zanja entre el hombre y Él, ya que esta zanja, causada por el pecado, está ya en realidad ahí, así como existen nuestras malas acciones y no se pueden borrar de nuestra línea del tiempo cuando nos arrepentimos de ellas.

La solución de Dios

Ya que nuestra culpa no puede desaparecer fácilmente, solamente hay una solución: alguien tiene que cargarla sobre sí mismo. Y, además, ese alguien no puede cargar con ninguna culpa propia sobre sí. Pues Dios decide encargarse Él mismo de este asunto. Dios (y en especial la segunda persona de la Trinidad, el Hijo) se hace hombre en Jesucristo y toma en sí mismo nuestra culpa en su muerte en cruz. Con su sacrificio estamos de nuevo en la situación de poder volver a Dios.

Para ilustrar el camino que se ha abierto por Jesús, puedes utilizar la viñeta "La Cruz vence a la zanja".

La sustitución

En conjunto, esta idea es un poco difícil de entender, que Jesús cargara con nuestra culpa. Para explicarlo puedes remitirte, por ejemplo, a que eso también puede suceder en nuestra vida ordinaria, como cuando una persona se sacrifica por otra. Con seguridad, los ejemplos más conocidos son de las películas, como en *Gran Torino* o *Titanic*. Pero, seguramente, son más impresionantes las personas que de verdad se han sacrificado por las otras o que se han jugado algo por ellas. Como san Maximiliano Kolbe, que murió por un compañero preso en un campo de concentración.

INTERCAMBIO

En este momento de tu explicación, podrías ofrecerles que intercambien sus ideas sobre el plan de salvación de Dios para nosotros y que aclaren las dudas, ya que se trata de una materia un poco difícil. Luego puedes continuar con la explicación de nuestra tarea en este plan de Dios.

Input: Nuestra tarea en el plan de Dios

Jesús ha vuelto a abrir el camino hacia Dios de manera que podamos regresar a Él. Pero Él no nos puede obligar a la unión con Dios, porque un amor por obligación no es amor verdadero. Nuestra tarea es, por tanto, responder a la extraordinaria oferta de Dios de decidirnos por Él y amarlo como Él nos ha amado. El primer paso ya lo dieron nuestros padres por nosotros en el Bautismo, en el que Dios nos ha liberado del pecado original. Pero ahora nos toca a nosotros dirigirnos por nosotros mismos hacia Dios y volver siempre hacia Él cuando la fastidiemos. Y tenemos que estar al tanto: Jesús ha abierto el camino, ahora es nuestra tarea ir hacia Dios.

Película *Most - El puente*

Para concluir, puedes ver con tu grupo la película de media hora *Most - El puente*. Puede resultar práctico acortar la película a la duración de un clip, unos cinco minutos. La película trata de un operador de puente, cuyo hijo pequeño se sacrifica por salvar un tren entero. Él aclara de una manera bastante sorprendente lo que Jesús ha hecho por nosotros y, mirando el profundo dolor del padre, acaba también con el falso cliché de que Dios Padre era cruel por haber sacrificado a su hijo.

Terminamos con una oración

Para terminar esta sesión podéis rezar con el Himno de los Filipenses de la Carta del Apóstol san Pablo a los Filipenses (de ahí su nombre), que describe lo que Jesús ha hecho por nosotros (**B → Fil 2,6-11**).

El cual, siendo de condición divina, no retuvo ávidamente el ser igual a Dios;

al contrario, se despojó de sí mismo, tomando la condición de esclavo, hecho semejante a los hombres.

Y así, reconocido como hombre por su presencia, se humilló a sí mismo,
hecho obediente hasta la muerte y una muerte de cruz.
Por eso Dios lo exaltó sobre todo y le dio el Nombre-sobre-todo-nombre;
de modo que al nombre de Jesús toda rodilla se doble
en el cielo, en la tierra, en los abismos, y toda lengua proclame: Jesucristo es Señor, para gloria de Dios Padre.

SESIÓN 5

CATEGORÍA

CONCEPTUAL

¿Por qué tuvo que morir Jesús?

Tema y objetivo:
Jesús muere por nosotros en la cruz.
Jesús ha sufrido por nosotros, nosotros podemos responder al guiar nuestra vida hacia Él.

Preparación

- Consigue seis tetrabriks de zumo de 1 litro. Busca también unos vasos si después queréis beberos el zumo.
- Fotocopia las viñetas "antes de la zanja" y "la Cruz vence a la zanja".

Para comenzar
Divide a tus confirmandos en dos grupos y que construyan un puente entre dos tetrabriks tan estable que pueda sostener al tercero. Dales una distancia suficientemente grande entre los dos tetrabriks para que los confirmandos no puedan utilizar simplemente como unión el Libro de catequesis para la Confirmación o cualquier otro libro que haya por ahí.
Si dispones de más espacio, también puedes decirles que construyan un puente entre dos sillas que sea suficientemente estable para soportarte a ti. Entonces se suprimiría lo de beberse el zumo.

Input: El pecado nos separa de Dios
Recuerda a tu grupo con el dibujo de "antes de la zanja" el problema de que el hombre se separa de Dios a través del pecado y que esta separación no se puede arreglar por su solo esfuerzo (cfr. sesión nº 3 sobre el pecado). Y ahora se encuentra Dios ante el siguiente problema: Él quiere estar en comunión con nosotros los hombres (cfr. el plan de Dios para nosotros), pero el hombre ya no puede volver a Él. Pero Dios no puede hacer ahora simplemente como si no existiera esa zanja entre el hombre y Él, ya que esta zanja, causada por el pecado, está ya en realidad ahí, así como existen nuestras malas acciones y no se pueden borrar de nuestra línea del tiempo cuando nos arrepentimos de ellas.

La solución de Dios
Ya que nuestra culpa no puede desaparecer fácilmente, solamente hay una solución: alguien tiene que cargarla sobre sí mismo. Y, además, ese alguien no puede cargar con ninguna culpa propia sobre sí. Pues Dios decide encargarse Él mismo de este asunto. Dios (y en especial la segunda persona de la Trinidad, el Hijo) se hace hombre en Jesucristo y toma para sí mismo nuestra culpa en su muerte en cruz. Con su sacrificio estamos de nuevo en la situación de poder volver a Dios.
Para ilustrar el camino que se ha abierto por Jesús, puedes utilizar la viñeta "La Cruz vence a la zanja".

La sustitución
En conjunto, esta idea es un poco difícil de entender, que Jesús cargara con nuestra culpa. Para explicarlo puedes remitirte, por ejemplo, a que eso también puede suceder en nuestra vida ordinaria, como cuando una persona se sacrifica por otra. Con seguridad, los ejemplos más conocidos son de las películas, como en *Gran Torino* o *Titanic*. Pero, seguramente, son más impresionantes las personas que de verdad se han sacrificado por las otras o que se han jugado algo por ellas. Como san Maximiliano Kolbe, que murió por un compañero preso en un campo de concentración.

INTERCAMBIO

En este momento de tu explicación, podrías ofrecerles que intercambien sus ideas sobre el plan de salvación de Dios para nosotros y que aclaren las dudas, ya que se trata de una materia un poco difícil. Según lo receptivo que esté aún tu grupo, puedes realizar este momento de intercambio después de la parte con la Biblia.

PARTE CON LA BIBLIA

Divide tu grupo de Confirmación en dos grupos. Dales las correspondientes citas bíblicas y la tarea de, teniendo en cuenta las explicaciones, leerlas y presentarselas después a todo el grupo.

Grupo 1: B → 1 Pe 2,24-25

Pedro vuelve a explicar en esta cita que Jesús cargó ("llevó nuestros pecados") con nuestra culpa en su muerte ("sus heridas"). Con "Pastor y Guardián" se refiere a Jesús.

Grupo 2: B → Rom 3,23-26

El Apóstol san Pablo, asimismo, explica en esta cita que Jesús, por su muerte ("en su sangre"), tomó nuestra culpa ("medio de propiciación"). En esta cita podemos ver algo nuevo, que Pablo acentúa que nosotros somos salvados sin habérnoslo merecido. Esto significa que Dios nos salva voluntariamente, por amor, y no porque nosotros hubiéramos hecho alguna cosa.

Input: Nuestra tarea en el plan de Dios

Jesús ha vuelto a abrir el camino hacia Dios de manera que podemos regresar a Él. Pero Él no nos puede obligar a la unión con Dios, porque un amor por obligación no es amor verdadero. Nuestra tarea es, por tanto, responder a la extraordinaria oferta de Dios de decidirnos por Él y amarlo como Él nos ha amado. El primer paso ya lo dieron nuestros padres por nosotros en el Bautismo, en el que Dios nos ha liberado del pecado original. Pero ahora nos toca a nosotros dirigirnos por nosotros mismos hacia Dios y volver siempre hacia Él cuando la fastidiemos. Y tenemos que estar al tanto: Jesús ha abierto el camino, ahora es nuestra tarea ir hacia Dios.

Transición

Vuelve a tomar la cita "gratuitamente por su gracia" (**B → Rom 3,24**) y lee también en voz alta **B → Rom 3,28** ("Pues sostenemos que el hombre es justificado por la fe, sin obras de la Ley") y pregunta a tus confirmandos, si se puede ganar el Cielo con obras buenas o piadosas. Déjales un poco de tiempo para que tomen cartas en esta cuestión.

Input

Explica a tu grupo que es realmente imposible ganarse o alcanzar la Redención. Nosotros solo podemos acoger el regalo del perdón de Dios. No podemos, por tanto, pagar por nuestro lugar junto a Dios o hacer tantas buenas acciones que nos den derecho a él. Esforzarnos en vivir como Jesús es nuestra mejor reacción agradecida por la salvación, que Dios nos ha regalado sin ninguna contrapartida. Pero como hemos sido creados libres, podemos volver a romper de nuevo a través del pecado nuestra recién estrenada unión con Dios. Pero también podemos regresar a Dios en cualquier momento gracias a la Cruz de Cristo. (Más información en la sesión sobre la Confesión).

Terminamos con una oración

Para terminar esta sesión podéis rezar con el Himno de los Filipenses de la Carta del Apóstol san Pablo a los Filipenses (de ahí su nombre), que describe lo que Jesús ha hecho por nosotros (**B → Fil 2,6-11**).

El cual, siendo de condición divina, no retuvo ávidamente el ser igual a Dios;
al contrario, se despojó de sí mismo, tomando la condición de esclavo, hecho semejante a los hombres.
Y así, reconocido como hombre por su presencia, se humilló a sí mismo,
hecho obediente hasta la muerte y una muerte de cruz.
Por eso Dios lo exaltó sobre todo y le dio el Nombre-sobre-todo-nombre;
de modo que al nombre de Jesús, toda rodilla se doble
en el cielo, en la tierra, en los abismos, y toda lengua proclame: Jesucristo es Señor, para gloria de Dios Padre.

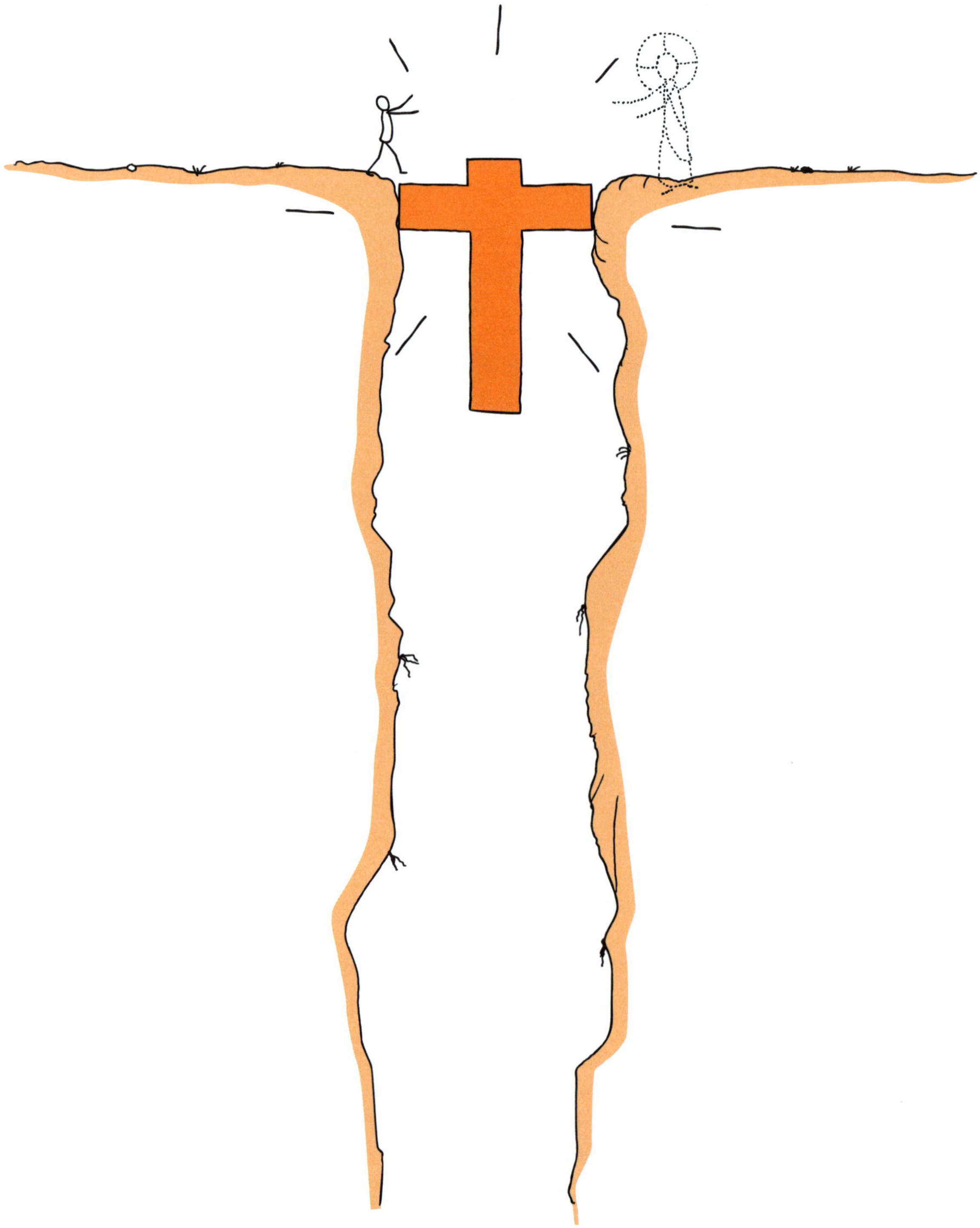

6

EL REGRESO DE JESÚS

o la historia de la Resurrección

Fundamentos teológicos

Todo se convierte en una hipótesis errónea sobre el inicio de la empresa del mundo de la religión cuando el fundador de la religión muere justo al principio. No cabe ninguna duda de que Jesús murió. Si hubiera sobrevivido a su crucifixión, seguramente sus seguidores hubieran ido por ahí divulgándolo y celebrándolo a Jesús como héroe y no se hubieran inventado esta historia de aventuras sobre la resurrección. **Y → 103**

Él estaba, por lo tanto, muerto. ¡En Él habían puesto sus seguidores todas sus esperanzas! La historia de los discípulos de Emaús nos deja claro cómo de decepcionados tenían que haber estado sus discípulos tras la crucifixión, pero también nos deja claro que los discípulos no tenían ni idea de quién era Jesús en realidad, ni de qué es lo que había pasado. **B → Lc 24,21**

En este relato es especialmente importante que ninguno de los discípulos de Emaús reconocieron que era el Señor Jesús el que estaba a su lado, hasta que Él partió el pan y repitió exactamente lo mismo que había hecho la noche antes de su Pasión en el salón de la Última Cena. "Partir el pan" es, desde el principio, la seña de identidad de la reunión de los cristianos en el día del Señor, el domingo, el día en el que Jesús resucitó de la muerte. **B → Hch 2,42**

A pesar de las profecías mesiánicas de la Escritura (nuestro Antiguo Testamento) y los anuncios de Jesús, la Resurrección es algo totalmente inesperado aunque, mirando hacia atrás, era lo más plausible para comprender los acontecimientos siguientes. **Y → 105**

Decisivo para creer en la Resurrección es la credibilidad de los testigos, y aquí se merecen algunos rasgos de autenticidad una atención especial: la Resurrección de Jesús de la muerte se divulga a través de personas llamadas que vivían en esta época; y esto se confirma también cuando consideramos los intentos de datar los textos del Nuevo Testamento lo más tarde posible. Otro tanto sobre el tema del "robado del sepulcro", eso no se hubiera consentido. Además, no salen bien parados los testigos más importantes en las fuentes principales sobre la Resurrección, los Evangelios: se habían largado al menos acobardados, cuando no negaban a Jesús incluso. Y con María Magdalena como mujer toma la palabra un testigo del Resucitado, que ante un tribunal de la época no podía haber emitido su declaración de testigo, por ser mujer. **Y → 106**

Jesús, con su cuerpo glorioso, se apareció en medio de sus discípulos, que por temor a correr la misma suerte que Él se habían montado una barricada en el salón de la Última Cena. Él les alienta con su Espíritu (**B → Jn 20,22-23**) y les otorga el poder de perdonar y retener los pecados, lo que va mucho más allá de la Confesión: en el fondo, se trata aquí de la pertenencia a la Iglesia. Los discípulos tienen que aumentar el estrecho círculo de los amigos de Jesús y transmitir su mensaje a todo el mundo.

Con la Resurrección de Jesús el Domingo de Pascua comienza la marcha victoriosa del Evangelio por todo el mundo; poco a poco se van poniendo en marcha los apóstoles y alcanzan en un espacio de apenas treinta años todos los centros culturales de la época, desde donde anunciaban con fuerza el Evangelio de Jesucristo, que ha resucitado y está vivo. **Y → 108**

En la conversión de san Pablo se ve claramente de una forma especial que Jesucristo está vivo y está presente allí donde sus discípulos dan testimonio con fuerza de su Evangelio y celebran sus misterios. El perseguidor de los cristianos cae al suelo ante Damasco y resuena una voz: "Saulo, ¿por qué me persigues?". Y aquí se identifica Jesús con sus discípulos, con su Iglesia. "Lo que hicisteis a uno de estos, mis pequeños hermanos, a mí me lo hicisteis...". De Pablo salió el misionero más apasionado, que fundó muchas comunidades y cuyas cartas sobre la fe siguen siendo tan valiosas que se leen en casi todas las Santas Misas. **B → Hch 9**

Junto a estas cartas, que pertenecen a los escritos más antiguos del Nuevo Testamento, hay que mencionar los Evangelios. Estos se van originando de la necesidad de la Iglesia en cada uno de los lugares de conocer algo fiable sobre Jesús y su mensaje. En este sentido, la Iglesia es más antigua que los Evangelios.

Ahora se nos plantea la cuestión de si también nosotros consideramos a Jesús como el resucitado, que está vivo y presente en su Iglesia.

SESIÓN 6

CATEGORÍA

El regreso de Jesús – La resurrección

Tema y objetivo:
La Resurrección de Jesús es un hecho, no un símbolo.
Nosotros mismos resucitaremos en persona tras la muerte a la Vida Eterna.

Preparación
Compra huevos de chocolate para tus confirmandos.

Para comenzar
Reparte los huevos de chocolate en tu grupo y explica a tus jóvenes que hoy es como si fuera Pascua en nuestra sesión de catequesis.

Trabajo en grupo: la tumba vacía
Divide a tus confirmandos en cuatro grupos. Cada uno de los grupos recibe un texto del Evangelio de san Juan y su tarea correspondiente. Pídeles a tus jóvenes que lean el texto completo y no intenten simplemente adivinar la respuesta buscando palabras clave.

Grupo 1: B → Jn 19,31-42
Busca en el texto indicios de que Jesús estaba realmente muerto.
Los soldados romanos querían acelerar la muerte de los que estaban crucificados para que pudieran ser descolgados de la cruz antes de que empezara el día de fiesta. Con la ruptura de las piernas, los condenados no pueden seguir sosteniéndose sobre el madero de la cruz y acaban muriendo antes. En el caso de Jesús esto no era necesario, ya que acababa de morir.
Sin embargo, para asegurarse, le atravesaron el corazón. Que saliera sangre y agua es una señal segura de que la muerte ya le había alcanzado.
Además, el texto nombra algunos testigos oculares, como José de Arimatea y Nicodemo, que vieron el cadáver de Jesús y lo colocaron en el sepulcro.

Grupo 2: B → Jn 20,1-2.11-18
¿Cómo se da cuenta María Magdalena de que Jesús había resucitado? ¿Qué papel desempeña el sepulcro vacío en todo esto?
Solo el sepulcro vacío no lleva a María Magdalena a la fe en la Resurrección. Primero piensa que el cadáver podía haber sido colocado en otro sitio. Y no es hasta el encuentro personal cuando se da cuenta de que Jesús está vivo.

Grupo 3: B → Jn 20,1-2.11-18
En la sociedad del tiempo de Jesús, los testimonios de mujeres no se consideraban por lo general dignos de crédito. ¿Qué significa esto en relación con la Resurrección?
Curiosamente, eso es una indicación de que los informes eran ciertos. Ya que si, por ejemplo, Juan se hubiera inventado toda esta historia, entonces habría imaginado un testigo más creíble que, precisamente, una mujer de luto.

Grupo 4: B → **Jn 20,24-28**

¿Qué pistas nos da el texto sobre la pregunta de si Jesús "de verdad" resucitó o solo se refiere a ella en un sentido simbólico?

Se ve claramente que Jesús en persona resucitó y que no solo sobreviven sus ideas, sobre todo en el hecho de que Jesús le pide al Apóstol Tomás que lo toque. Jesús está corporalmente presente, tanto que Tomás puede tocar las llagas de sus manos y de su costado. El hecho de que Jesús pudiera entrar en la habitación con las puertas cerradas donde se encontraban los discípulos también es una muestra de que Jesús posee ahora un cuerpo glorioso.

Intercambio

Que cada uno de los cuatro grupos exponga, en primer lugar, su texto bíblico y, luego, la respuesta a sus preguntas. Después de cada presentación, da un poco de tiempo a los jóvenes para que tengan la oportunidad de preguntar las dudas.

Parte con el YOUCAT

Leed todos juntos YOUCAT Y → **106** (¿Hay pruebas para la Resurrección de Jesús?) e intercambiad vuestros comentarios sobre el texto.

Transición

"Ahora nos hemos ocupado detalladamente de la Resurrección de Jesús. Posiblemente podríamos preguntarnos: ¿Por qué es para vosotros, los cristianos, tan sumamente importante la Resurrección? El Apóstol Pablo ha tratado profundamente este punto en su 1ª Carta a los Corintios".

Parte con la Biblia

Leed juntos B → **1 Cor 15,12-22** e intercambiad vuestros pareceres sobre los argumentos de Pablo. Podéis leer el texto en una variante más breve (B → **1 Cor 15,12-13.17-20**).

Hay dos puntos muy importantes para Pablo: Por un lado, la Resurrección muestra que Jesús verdaderamente era el Hijo de Dios. Y solo entonces su muerte en cruz puede liberarnos de nuestra culpa ("seguís estando en vuestros pecados"). Y, por otro lado, no existiría para nosotros ni Resurrección ni Vida Eterna si Jesús se hubiera quedado en el sepulcro.

Intercambio: la Vida Eterna

Pregunta a tus confirmandos cómo se imaginan ellos la Vida Eterna. Y continúa hacia la lectura del YOUCAT.

Parte con el YOUCAT

Leed todos juntos el YOUCAT Y → **153 y 154.**

Aquí es importante que nosotros también tendremos un cuerpo en la Vida Eterna, porque nosotros las personas estamos compuestos de carne y espíritu, aunque todo nuestro entorno solo sea capaz de percibir el cuerpo. Sin nuestro cuerpo glorioso nos faltaría algo en la Vida Eterna.

Posiblemente podréis poner aquí la objeción de que estar en el Cielo será increíblemente aburrido si todo allí es absolutamente bueno. Pero también aquí se puede aplicar lo siguiente: El problema del supuesto aburrimiento en el Cielo no depende de la ausencia del mal, sino de la falta de cambio. Podemos estar seguros de que Dios se ocupará de que no nos aburramos nunca en la Vida Eterna. Por eso habla Jesús sobre la Vida Eterna como si se tratara de un banquete de boda: "¡siempre de fiesta!".

Terminamos con una oración

Oh Dios,
a través de tu Unigénito has vencido a la muerte y nos has abierto el camino a la Vida Eterna. Te pedimos que nos fortalezcas con tu Gracia, para que vivamos toda nuestra vida como hombres liberados del pecado.
Te lo pedimos por Jesucristo, nuestro Señor.
Amén.

JOHN HENRY NEWMAN

7

¡EXPERIMENTA EL ESPÍRITU!

Un viaje de exploración hacia el Espíritu Santo

Fundamentos teológicos

"Pues habrá sido el Espíritu Santo", solían decir algunas madres resignadas, cuando ninguno de sus hijos quería reconocer lo que había hecho. Este dicho es un ejemplo de lo enigmático, de lo desconocido que es el Espíritu Santo en la vida de muchos cristianos.

Esto se debe a las imágenes con las que hemos crecido: Dios Padre con una barba blanca, creador del mundo, que mira desde las nubes, Dios Hijo, Jesucristo, el motivo más utilizado, con diferencia, en la historia del arte. Dios Espíritu Santo: la paloma. Genial. El Espíritu Santo es simplemente más abstracto: ¡Ah, claro, es la relación entre ambos! Y → **38**

Pero Dios Espíritu Santo no es solo la relación entre Dios Padre y Dios Hijo, Él también nos une a nosotros con Dios y las personas entre sí, en el amor. Sin Él no habría ninguna fe. Por lo tanto, el Espíritu Santo nos afecta en gran medida. Y → **113-115**

El sentido y el objetivo de ser cristiano es ser llevados a participar en el amor de Dios, en el amor intratrinitario, el amor de la Trinidad. Ya que el Espíritu Santo es este amor, nuestra unión con Él es la entrada en el amor de Dios. Este no es un asunto sobre el que podamos pasar de puntillas, ya que, por ejemplo, va sobre la Confirmación y todo tiene que ver con él. La tercera persona de la Santísima Trinidad nos ayuda a ser siempre mejores, a acercarnos cada vez más a Dios, en lugar de alejarnos de Él. Y → **118**

Aquí no podemos escribir ahora una historia del Espíritu Santo. Pero seguro que recordarás que ya estaba presente en el tema de la Creación, que se cernía sobre las aguas (B → **Gn 1,2**). Aquí se puede pensar en el viento, en una ráfaga de viento con la que descendió sobre los discípulos el día de Pentecostés (B → **Hch 2,2**). Pero también sobre el primer hombre sopló su aliento, el "aliento de vida", que en hebreo es también el alma (B → **Gn 2,7**). El último aliento de Jesús en la cruz se describe como la entrega de su Espíritu, que lo exhala (B → **Jn 19,30**). Al final, el Resucitado sopló sobre sus discípulos, para que recibieran el Espíritu Santo (B → **Jn 20,22**). Como anuncia Jesús, les enviará su Espíritu en su lugar. Y desde entonces es el guía y protector oculto de la Iglesia, desde entonces dirige a cada uno de los creyentes hacia Dios y hacia el amor.

El Espíritu Santo es un don de Dios, es el más grande y más elevado don de Dios. Por eso, es el rechazo del Espíritu Santo el pecado que no se perdonará (B → **Mt 12,31-32**). Eso es un no directo a Dios mismo, el rechazo de su amor. Y siempre tenemos que tener presente: no se trata de medias tintas, Dios mismo se nos regala en su amor. Y → **120**

La Confirmación "aumenta en nosotros los dones del Espíritu Santo", dice el Catecismo (CCE 1303). ¿Qué significan, en realidad, estos dones?

La **Sabiduría** no es no sé qué tontería sobre secretitos o una recopilación de dichos sentimentales, como muchas veces nos ofrecen desde el esoterismo o los libritos de regalo. Se trata de ir más allá de la sabiduría humana y de los consejos sobre la vida, se trata de alcanzar distinguir lo humano de lo divino. Con la ayuda de la sabiduría, debemos reconocer a Dios y conseguir una forma de ser llena de amor.

El **Entendimiento** nos ayuda a entender la fe. Cada persona debe penetrar en la verdad del cristianismo, debe aprender a distinguir las informaciones perecederas y las opiniones terrenales. Si estuviera un poco más cuidado este don del Espíritu Santo entre los bautizados, no haría falta preocuparse por la "evaporación de los conocimientos de la fe" ni de la constante repetición de las mismas reivindicaciones contra la Iglesia.

En el don de **Consejo** trata sobre las decisiones. Muy a menudo nos encontramos en la vida ante una bifurcación y no sabemos continuar. Se nos confrontará con medios que deben servir a un buen objetivo, ¿pero es que también los medios tienen que ser buenos? Tenemos que comprobar constantemente nuestro modo de actuar y el de los demás: ¿actúa aquí el espíritu de Jesús o algún otro?

El Espíritu de **Fortaleza** no es nada para "machos o para chulitos", sino que es la auténtica actitud deportiva en el ámbito de la fe (**B → Flp 3,14**). La renuncia y el entrenamiento nos llevan a la victoria sobre el mal. Aunque sea mucho más agradable, más cómodo o más aceptable, por así decirlo, pensar y vivir como si estuviéramos a la última moda o fuéramos de la opinión general. Eso es una fortaleza de la voluntad y una lealtad que nosotros no podemos conseguir por nosotros mismos.

"La ciencia ha demostrado..." ¿Conoces este runrún? Constantemente se anuncian "conocimientos que rompen los moldes" que, sin embargo, vistos desde cerca, resultan mucho menos espectaculares. En el ámbito de la fe y la Iglesia, esto no es muy distinto. El don de la **Ciencia** es, por tanto, el de decidir: ¿Qué es plausible? ¿Qué puedo saber? La humildad es también una sabia consejera.

La **Piedad** no tiene buena prensa, a pesar de que en la Antigüedad fuera una de las más elevadas virtudes, ya que no tiene nada que ver con ser una rata de sacristía ni una santurrona, sino con el respeto: a Dios y a sus leyes, a la naturaleza, a los mayores, a los sentimientos de las otras personas. Pero el que falta al respeto en los cultos, es en realidad un hazmerreír.

Temor de Dios no significa temer miedo a Dios, sino que es el "principio de la sabiduría" (**B → Sir 1,14**): el respeto a lo divino, que supera el respeto por todo lo creado. Dios es el Creador, Dios es el Señor sobre la vida y la muerte, y Dios es el juez eterno: considerar esta gran diferencia y lo que ello significa es el primer paso hacia el respeto de Dios. El Espíritu Santo nos muestra la virtud de la humildad, que le es propia.

SESIÓN 7

El Espíritu Santo: ese gran desconocido

CATEGORÍA

Tema y objetivo:
El Espíritu Santo es la tercera persona de la Trinidad.
Nos da fuerza para una vida consciente con Dios.
Los nueve frutos del Espíritu Santo se tratan con más detalle.

Preparación

Compra para cada uno de tus jóvenes una vela blanca pequeña pero ancha y placas de cera para decorar velas de nueve colores distintos. Corta las placas de manera que a cada uno de los confirmandos le corresponda un trozo suficientemente grande de cada color. Piensa además que cada confirmando puede necesitar unas tijeras y que habrá que proteger la sala de la reunión para que no se ensucie, por ejemplo, con papel de periódico.

Para comenzar

Juega una ronda a "El gran desconocido" con tus confirmandos. Tú presentas un personaje secreto, y tus confirmandos deben descubrir de qué persona se trata haciendo preguntas que solo se puedan responder con "sí" o "no". Tú vas a tomar, naturalmente, el personaje "Espíritu Santo". Si temes que un confirmando ya haya descubierto el tema de la sesión mirando el Libro de catequesis para la Confirmación o simplemente porque sean muy astutos, confúndelos un poco dejando que empiecen uno o dos confirmandos presentando otros personajes antes de que te toque a ti. Para no correr ningún riesgo, puedes preparar con anterioridad unos papelitos con los personajes para cada uno de los confirmandos que vaya a salir antes que tú.

Transición

Dirígelos hacia el siguiente punto más o menos así: "El Espíritu Santo no es solo en este juego el gran desconocido. De hecho, muchas personas no saben a ciencia cierta qué significa eso del misterioso Espíritu Santo".

Input: El Espíritu Santo como una persona divina

Proponemos explicar el Espíritu Santo de una manera parecida a la que sigue:
"El Espíritu Santo es tan Dios como el Padre o como el Hijo. Él proviene del Padre y del Hijo, como manifiesta la Iglesia

en su Credo. Él es el amor que une a los dos entre sí. El Espíritu Santo también nos une a nosotros con Jesús, y a todos los cristianos entre sí.
En el Espíritu Santo se ve bastante claro que nuestro Dios no es un Dios solitario, que permanece solo consigo mismo, sino que nuestro Dios es en sí mismo amor y comunidad: Padre e Hijo se unen en el Espíritu Santo. Este amor, que se trata del Espíritu Santo, también nos lo quiere regalar Dios a las personas".

Transición
Tras este pequeño input y la aclaración de las posibles preguntas, plantea las siguientes preguntas para pasar al siguiente punto: "Todo esto suena muy bien, el Espíritu Santo es la tercera persona de la Trinidad. Pero ¿qué hace el Espíritu Santo en realidad en nuestra vida?".

Juego: ¡Que no caiga el globo!
Cada uno de los confirmandos recibe un globo sin hinchar. Se trata de que lo mantengan lo más posible sin que toque el suelo. Al globo solo se le pueden dar pequeños toques. Un jugador hábil podría dar unos tres toques como mucho sin que se le caiga el globo.
Luego repetid el juego con un globo hinchado.
Resume las conclusiones sobre el juego con los globos con unas palabras como estas: "Sin el Espíritu Santo somos como globos sin aire. Pero cuando estamos llenos del Espíritu Santo, entonces estamos preparados para los obstáculos de la vida".

PARTE CON LA BIBLIA: PENTECOSTÉS
Cuenta ahora la historia de Pentecostés, tal y como se relata en el Evangelio de Juan y en los Hechos de los Apóstoles (B → **Jn 20,19-22:** los apóstoles se escondían por miedo antes de recibir el Espíritu Santo / B → **Hch 1,1-12.37-38**). Otra opción sería leer juntos las citas de la Biblia.

INTERCAMBIO
Pregunta a tus confirmandos cómo se podrían reconocer los efectos del Espíritu Santo en Pentecostés. Los siguientes aspectos deben salir en la conversación:
- Les da fuerza y expulsa los miedos.
- Les capacita para cosas que por sí solos no hubieran alcanzado.
- Nos prepara para anunciar a Jesús.

Transición
Dirígelos ahora de esta manera para comenzar a decorar las velas: "Ahora queremos ver de una manera más concreta qué efecto puede tener en nosotros el Espíritu Santo. san Pablo habla de nueve frutos del Espíritu Santo en la Carta a los Gálatas" (B → **Gal 5,22-23,** cfr. Y → **311**).

Decorar una vela del Espíritu Santo
Asigna primero cada fruto del Espíritu Santo a uno de los nueve colores. Cada uno de los confirmandos tiene ahora una vela y un trozo de placa de cada uno de los nueve colores. Comenta con tus confirmandos cada uno de los nueve frutos del Espíritu Santo. Después de cada fruto, todos los del grupo recortan una llama de la placa de cera del color correspondiente y la coloca haciendo presión en su vela del Espíritu Santo de manera que, al final, resulte la imagen de una llama que está formada por nueve llamas distintas. Puedes orientarte para ello con la plantilla que tienes en el apartado de Material.

Hemos vuelto a reproducir en el apartado de Material la explicación de los frutos del Espíritu Santo del Libro de catequesis para la Confirmación.

NOTA: en el YOUCAT Y → **311** se encuentran los doce frutos de Espíritu Santo. Sin embargo, aquí nos limitamos a los nueve que nombró san Pablo.

Terminamos con una oración

Respira en mí, oh Espíritu Santo

Respira en mí, oh Espíritu Santo
que todos mis pensamientos sean santos.
Actúa en mí, oh Espíritu Santo
que todas mis acciones sean santas.
Sedúceme, oh Espíritu Santo,
que ame todo lo que es santo.
Fortaléceme, oh Espíritu Santo,
que cuide todo lo que santo.
Protégeme, oh Espíritu Santo,
que nunca pierda tu santidad.
SAN AGUSTÍN

SESIÓN 7

El Espíritu Santo: ese gran desconocido

CATEGORÍA

Tema y objetivo
El Espíritu Santo es la tercera persona de la Trinidad.
Nos da fuerza para una vida consciente con Dios.
Los nueve frutos del Espíritu Santo se tratan con más detalle.

Para comenzar
Juega una ronda a "El gran desconocido" con tus confirmandos. Tú presentas un personaje secreto, y tus confirmandos deben descubrir de qué persona se trata haciendo preguntas que solo se puedan responder con "sí" o "no". Tú vas a tomar, naturalmente, el personaje "Espíritu Santo". Si temes que un confirmando ya haya descubierto el tema de la sesión mirando el Libro de catequesis para la Confirmación o simplemente porque sean muy astutos, confúndelos un poco dejando que empiecen uno o dos confirmandos presentando otros personajes antes de que te toque a ti. Para no correr ningún riesgo, puedes preparar con anterioridad unos papelitos con los personajes para cada uno de los confirmandos que vaya a salir antes que tú.

Transición
Dirígelos hacia el siguiente punto más o menos así: "El Espíritu Santo no es solo en este juego el gran desconocido. De hecho, muchas personas no saben a ciencia cierta qué significa eso del misterioso Espíritu Santo".

Input: El Espíritu Santo como una persona divina
Proponemos explicar el Espíritu Santo de una manera parecida a la que sigue:
"El Espíritu Santo es tan Dios como el Padre o como el Hijo. Él, proviene del Padre y del Hijo, como manifiesta la Iglesia en su Credo. Él es el amor que une a los dos entre sí. El Espíritu Santo también nos une a nosotros con Jesús, y a todos los cristianos entre sí.
En el Espíritu Santo se ve bastante claro que nuestro Dios no es un Dios solitario, que permanece solo consigo mismo. Sino que nuestro Dios es en sí mismo amor y comunidad: Padre e Hijo se unen en el Espíritu Santo. Este amor, que se trata del Espíritu Santo, también nos lo quiere regalar Dios a las personas".

Transición
Tras este pequeño input y la aclaración de las posibles dudas, plantea las siguientes preguntas para pasar al siguiente punto: "Todo esto suena muy bien, el Espíritu Santo es la tercera persona de la Trinidad. Pero ¿qué hace el Espíritu Santo en realidad en nuestra vida?".

Juego: ¡Que no caiga el globo!
Cada uno de los confirmandos recibe un globo sin hinchar. Se trata de que lo mantengan lo más posible sin que toque el suelo. Al globo solo se le pueden dar pequeños toques. Un jugador hábil podría dar unos tres toques como mucho sin que se le caiga el globo.
Luego repetid el juego con un globo hinchado.
Resume las conclusiones sobre el juego con los globos con unas palabras como estas: "Sin el Espíritu Santo somos como globos sin aire. Pero cuando estamos llenos del Espíritu Santo, entonces estamos preparados para los obstáculos de la vida".

PARTE CON LA BIBLIA: PENTECOSTÉS
Cuenta ahora la historia de Pentecostés, tal y como se relata en el Evangelio de Juan y en los Hechos de los Apóstoles (**B → Jn 20,19-22:** los apóstoles se escondían por miedo antes de recibir el Espíritu Santo / **B → Hch 1,1-12.37-38**).

INTERCAMBIO
Pregunta a tus confirmandos cómo se podrían reconocer los efectos del Espíritu Santo en Pentecostés. Los siguientes aspectos deben salir en la conversación:
- Les da fuerza y expulsa los miedos.
- Les capacita para cosas que por sí solos no hubieran alcanzado.
- Nos prepara para anunciar a Jesús.

Transición
"Ahora queremos ver de una manera más concreta qué efecto puede tener en nosotros el Espíritu Santo. San Pablo habla de nueve frutos del Espíritu Santo en la Carta a los Gálatas" (**B → Gal 5,22-23**, cf. **Y → 311**).

Los nueve frutos de Espíritu Santo
Comentad juntos los nueve frutos del Espíritu Santo. Para ello, puedes fotocopiarles a tus confirmandos la explicación del apartado de Material, o leer directamente la explicación del Libro de catequesis para la Confirmación. Se propone ir leyendo conjuntamente cada uno de los frutos e irlos comentando.

NOTA: en el **YOUCAT Y → 311** se encuentran los doce frutos de Espíritu Santo. Sin embargo, aquí nos limitamos a los nueve que nombró san Pablo.

Terminamos con una oración

Respira en mí, oh Espíritu Santo
Respira en mí, oh Espíritu Santo
que todos mis pensamientos sean santos.
Actúa en mí, oh Espíritu Santo
que todas mis acciones sean santas.
Sedúceme, oh Espíritu Santo,
que ame todo lo que es santo.
Fortaléceme, oh Espíritu Santo,
que cuide todo lo que santo.
Protégeme, oh Espíritu Santo,
que nunca pierda tu santidad.
SAN AGUSTÍN

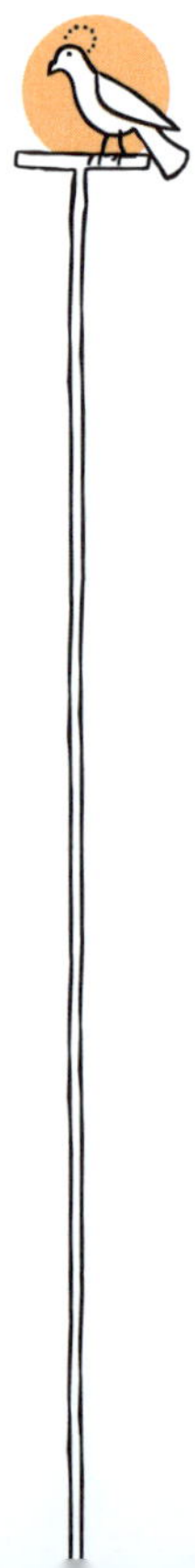

AMOR

Donde está el Espíritu de Dios hay amor. El amor es más que un sentimiento. Si no fuera así, solo sentiríamos amor hacia un dulce bebé. Pero debemos amar a todos los bebés, también a los que tienen una espina bífida. Cuando el Espíritu Santo enciende en nosotros el amor de Dios en como cuando introduces el enchufe en la toma de corriente. Dentro de ti se dan todos los sentimientos que Dios mismo tiene hacia todo lo que ha creado: las personas, los animales, las flores. Dios está loco de amor por nosotros. El amor de Dios no es un amor condicionado ("si..., entonces..."), no es un amor limitado en el tiempo; "no tiene fin". Es fiel. Transforma todo, especialmente el mundo de tus relaciones. Con el amor de Dios dentro de ti ves todo con ojos nuevos.

ALEGRÍA

Donde está el Espíritu de Dios hay alegría. Imagínate un concierto de rock en el que todos dan gritos de júbilo, bailan, levantan los brazos, pegan saltos. Jesús ha vencido la muerte. ¡Qué fuerte! Estamos salvados. El paraíso nos espera. Podemos bailar de alegría, aunque hoy tengamos todavía que apechugar con un montón de problemas. Se dice que en el cielo bailan los ángeles. Y hay más alegría por una única persona que se convierte y deja atrás a su pecado que por "99 justos".

PAZ

Donde está el Espíritu Santo hay paz. Cesa toda inquietud interior. La tristeza desciende. El miedo se escabulle. Encuentras el equilibrio interior, no te dejas arrastrar por tus pasiones como una hoja por el viento. Otros buscan tu cercanía y tu amistad, porque estás en armonía contigo mismo y con las demás personas, incluso con los animales. La paz en tu corazón te hace sentirte bien.

PACIENCIA

Donde está el Espíritu Santo hay paciencia. Paciencia (o longanimidad) quiere decir que tienes muuucha paciencia (un ánimo muuuy largo). Donde otros se salen de tus casillas, tú vas "sobrado". Los "prontos" son cosas del pasado. Mientras que antes tenías solo aire para 800 metros, ahora corres el maratón. Encajas los reveses como si nada. El Espíritu Santo te convierte en un luchador nato, que nunca abandona. Los demás se preguntan de dónde sacas tu fuerza. Tú sí lo sabes.

AFABILIDAD

Donde está el Espíritu Santo hay afabilidad. Le sujetas la puerta a una mujer. Ayudas a otros con los deberes. Entrenas en secreto con uno que siempre falla en el saque de voleibol. La Madre Teresa les inculcaba a sus hermanas, que se ocupaban de los moribundos: "No basta con que los asistáis; ¡debéis hacerlo con una sonrisa!".

BONDAD

Donde está el Espíritu Santo hay bondad. Dios es inmensamente bueno. Hacer el bien nos transporta rápidamente cerca de Dios. Quien continuamente hace el bien, se convierte automáticamente en "bondadoso", es decir, actúa por costumbre haciendo el bien a los demás. Hablas con un vagabundo. Ayudas a un niño. Hablas con alguien que está solo. Escuchas durante un largo rato a una persona mayor. Te preocupas de los problemas de los otros. Vivir bondadosamente es el estilo de vida de Dios. Cerca de una persona bondadosa se puede respirar hondo y revivir.

LEALTAD

Donde está el Espíritu Santo hay lealtad. Dios no es ahora así y luego asá. Puedes fiarte de Él al cien por cien, aunque a veces responda a tus peticiones de manera diferente a tus deseos. Él es fiel aun cuando tú le traicionas a Él y a otras personas miles de veces. El Espíritu Santo te ayuda a que tu corazón sea firme y a que tú seas "fiel hasta la muerte", un fiel reflejo del Dios fiel. ¿Conoces el libro *El Principito*, de Antoine de Saint-Exupéry? En este libro hay una frase maravillosa acerca de la lealtad: "Eres responsable para siempre de lo que has domesticado".

MANSEDUMBRE

Donde está el Espíritu Santo hay mansedumbre. Este fruto del Espíritu Santo dice: tendrás valor, pero será manso, es decir, un valor que no sea violento ni destruya más de lo que construye; sino que cura y crea algo hermoso. Tendrás valor, pero en combinación con amor y paciencia. Realizar algo grande con una paciencia amorosa, esta es la audacia que le agrada a Dios. Jesús redimió al mundo mediante un tipo especial de osadía: recorrió el camino de la no violencia hasta la cruz.

DOMINIO DE SÍ

Donde está el Espíritu Santo hay dominio de sí. El Espíritu Santo dentro de ti logra que llegues a ser completamente tú mismo. Ya no estarás obsesionado por cosas que te aprisionan, personas de quienes te hiciste dependiente, dirigentes que te mangonean. Ya no te dejarás llevar por la codicia, ya no eres esclavo de tus pasiones. Serás libre para hacer lo que deseas hacer desde el fondo de tu corazón. Hacer el bien, que es para lo que te ha creado Dios.

Tenemos que hablar (I).

Orar – estar en contacto con el Dios vivo

Fundamentos teológicos

"Señor, enséñanos a orar", le pidieron los discípulos a Jesús (B → **Lc 11,1**). De nuevo podemos preguntarnos, como en el capítulo 1, qué es lo que hay que aprender. Porque al final Dios estará sentado sin hacer nada sonriendo cuando oye nuestra oración y entonces, como un profesor, mueve la cabeza: "Eso no es así, no te voy a hacer caso", ¿no? Sí y no. Pertenece a la experiencia de todas las personas que Dios no escucha cada una de las oraciones. Pero ¿por qué no? ¿No dijo "Pedid, y se os dará" (B → **Mt 7,7**)? Pensémoslo de otra manera: ¿Qué clase de Dios sería si hace todo lo que nos apetezca a nosotros? ¿Una máquina de cumplir deseos? Y → **469**

Nuestra fe nos enseña que Dios es libre y que no se deja mirar sus cartas. No sabemos qué es lo que tiene pensado para nosotros, ni sabemos qué es lo mejor para nosotros. No todos pueden ganar a la lotería... (En la película *Como Dios,* Bruce Nolan hace de Dios. Bruce atiende a todos los deseos y lo que consigue es un verdadero caos).

Hay deseos que son manifiestamente no cristianos ni lícitos. El que tiene viles intenciones no necesita recurrir a Dios. (B → **Sal 66,18; St 4,3**) Seguro que habrá algún americano que le ha pedido a Dios un coche nuevo, y de un modelo determinado. Es difícil decir cómo Dios lidia con los deseos puramente materialistas o con las peticiones lujosas (esto podría acabar mal...). También la negligencia, la comodidad o la cobardía son motivos poco apropiados para la bondad de Dios. En el caso de la propia limitación y de la imperfección, es otra cosa.

Lo que seguro que sí tiene resonancia en la oración es el comportamiento adecuado (B → **Jn 15,7**). Este comportamiento no se puede separar de la vida de los otros (B → **Mi 3,2-4**), y menos aún de la voluntad de Dios (B → **1 Jn 5,14**). La veneración, la humildad, la obediencia y la gratitud (B → **1 Cor 4,7**) son virtudes de la oración. La oración es un diálogo con Dios, no la presentación de una lista de deseos completa con tiempos de cumplimiento. No se habría entendido adecuadamente la oración si solo tuviera intención de hacer cambiar de opinión a Dios, en lugar de determinarnos por cambiar la disposición del orante.

En la fe cristiana y en la vida –y, por tanto, en la conversación con Dios– aparecen otras prioridades y deseos que no podemos ver con solo unas gafas totalmente mundanas (B → **Mt 6,19-34; 5,44-45**). Por eso, la respuesta de Jesús a los discípulos: el Padrenuestro (B → **Lc 11,1**). El Padrenuestro (B → **Mt 6,9-13; Lc 11,2-4**) es **la** oración. Y → **511-527**

El cumplimiento de la oración debería ser, sobre todo, abrirse a la voluntad de Dios. A modo de ejemplo nos sirve el mismo Jesús, que viendo que se acercaba la hora de su padecimiento y de su muerte, oró: "Padre mío, si es posible, que pase de mí este cáliz. Pero no se haga como yo quiero, sino como quieres tú" (B → **Mt 26,39**). Y, en este punto, también nos puede iluminar: "Porque mis planes no son vuestros planes, vuestros caminos no son mis caminos, oráculo del Señor" (B → **Is 55,8**).

Y ahora, después de que hemos reflexionado y considerado todo esto, también debemos creer, con alegría y con esperanza, en el cumplimiento de nuestras peticiones en la oración (B → **St 1,6-8, Mc 11,24**), también cuando la respuesta de Dios no suela seguir el esquema de deseo-cumplimiento o de orden-obediencia, y sigue el esquema de que nos ama y todo lo sabe (B → **Sal 139,1-7.23**).

Además, no solo hay que orar cuando algo va mal. Cuando la relación con Dios consiste únicamente en llamar a Dios como si fuera un médico de guardia, entonces se trata de una relación egoísta y descuidada. Pensemos en la petición del Espíritu Santo, pidámosle consejo, démosle gracias también a Dios, cuando no hemos rezado examinémonos críticamente ante Él, pidámosle perdón, pidamos por los demás (por ejemplo, en las peticiones de la misa). Hay tantas cosas que no podemos hacer por nosotros mismos, sino que se las debemos a Dios: nuestros talentos y nuestras características, nuestro hogar, nuestro entorno, nuestros encuentros, nuestra fe, nuestros momentos felices... Hay muchas razones por las que ir agradecido por la vida y para manifestarlo constantemente ante Dios. Y → **498-499**

SESIÓN 8

CATEGORÍA

Orar – estar con Dios

Tema y objetivo

La oración es un diálogo de amistad con Dios.
La postura y una adecuada disposición exterior nos ayudan a no despistarnos en la oración.

Preparación

- Fotocopia los comienzos de los salmos del Material y haz cuatro tarjetas con ellos. No olvides papel y lápices.
- Consigue una cruz para la oración conjunta. Si quieres poner un poco de música de ambiente, no olvides el reproductor correspondiente.
- Compra pequeñas tablillas de madera para cada confirmando, pintura dorada, pegamento, piedritas para decorar en la cantidad adecuada. Consigue con tiempo (!) una imagen de un icono de Jesús para cada uno de los confirmandos, por ejemplo, la imagen de "la Transfiguración de Cristo" (en **http://www.ediciones-encuentro.es/libro/youcat-confirmacion-catequista.html).**
- Como otra alternativa, fotocopia para cada confirmando la cruz de san Damián (**consigue la imagen en el enlace anterior**) consigue suficiente cartón que sea estable, rotuladores, tijeras y pegamento.

Para comenzar

Empieza la sesión de catequesis para la Confirmación con un juego de distracción. Haz varios equipos. Cada equipo está formado por un emisor y uno o varios receptores. El emisor recibe una de las cuatro tarjetas con el comienzo de un salmo (apartado de Material), los receptores reciben papel y lápiz para escribir. Coloca a los emisores en una esquina de la habitación, y a los receptores en la otra. La tarea consiste en que cada uno de los grupos tiene que copiar su texto sin fallos en su papel siguiendo los gritos del emisor: y todos a la vez. Se trata de concentrarse para escuchar con atención y sin dejarse molestar por los ruidos de los otros.

Transición

Dirígelos al tema de hoy con unas palabras parecidas a estas: "También en la oración pasa muy a menudo que nos despistamos con otras cosas poco importantes. San Francisco de Sales nos dio un consejo interesante:
Todos los Santos Padres que dan tanto valor a la oración, son de la opinión que una actitud piadosa, como ponerse de rodillas, juntar las manos, cruzar los brazos sobre el pecho, tiene mucha importancia. Esta postura nos ayuda de modo insospechado a recogernos en la presencia de Dios y a permanecer concentrados en él. (YOUCAT cita en **Y → página 268 y s.**).
Por eso vamos a probar ahora un par de posturas para la oración".

Posturas de oración

Colocad una cruz en el suelo y formad un semicírculo con vuestras sillas alrededor de ella. Cuando lo hagáis podéis escuchar una música suave. Probad después las siguientes posturas de oración típicas:

1 De pie con las manos juntas
2 De pie con las manos extendidas
3 Sentado
4 De rodillas
5 En cuclillas
6 Postrado

1 2 3 4 5 6

Después de que los confirmandos hayan probado cada una de las posturas durante aproximadamente un minuto, intercambiad vuestras opiniones sobre los efectos de la posición en cada uno de vosotros. (Sobre las posturas de oración mira también: **Y → página 268**).

Input: Oración

Explica a tus confirmandos que la oración es un diálogo con Dios. Puedes recordar la oración de Bart de la primera sesión. Recuérdales los siguientes aspectos:

- En la oración podemos hablar con Dios como con un amigo.
- Podemos compartir con Él nuestras preocupaciones,
- le podemos pedir consejo y ayuda y
- podemos acudir a Él en cualquier momento.

Indícales también a tus jóvenes que no siempre escucharemos enseguida la respuesta de Dios. Quizá porque nos hemos despistado y no hemos estado suficientemente atentos, o posiblemente por motivos que desconocemos.

En este momento es una buena ocasión para hablar sobre la experiencia de oración de cada uno de ellos. Cuida que nadie se siente presionado a hablar sobre algo que preferiría guardarse para sí.

Pequeña escuela de oración
Comentad todos juntos los números 2, 3 y 4 de la Escuela de Oración del YOUCAT. La Escuela de Oración del YOUCAT la puedes encontrar en el Libro de catequesis de Confirmación o en el Libro de Oraciones del YOUCAT. De todas maneras, la hemos vuelto a editar para ti en el apartado de Material.

Transición
El número 4 de la Escuela de Oración propone que te prepares un lugar para orar. Para este lugar de oración es apropiada una imagen de Jesús o una cruz, que ahora vamos a hacer juntos.

Hacer un icono de Jesús o una cruz
En la variante más sencilla, cada uno de los confirmandos diseña su propia cruz. Cada uno recibe una fotocopia de la Cruz de san Damiano y la puede decorar a su gusto. Luego se pega en cartón duro y se recorta, de modo que cada uno de tus jóvenes consiga su propia cruz para su rincón de oración.
En la versión un poco más costosa, se pintan las tablillas de madera con la pintura dorada o con spray. Luego se pega la imagen del icono centrada en la tabla dorada. El marco dorado que resulta puede decorarse con piedras de decorar, de manera que cada uno de los confirmandos tenga su propio icono de Jesús.

Terminamos con una oración

Padre nuestro que estás en el cielo,
santificado sea tu Nombre;
venga a nosotros tu reino;
hágase tu voluntad en la tierra como en el cielo.
Danos hoy nuestro pan de cada día;
perdona nuestras ofensas,
como también nosotros perdonamos a los que nos ofenden;
no nos dejes caer en la tentación,
y líbranos del mal.
Porque tuyo es el reino y el poder y la gloria.
Amén.

SESIÓN 8

Orar – hablar con Dios

CATEGORÍA

Tema y objetivo
La oración es un diálogo de amistad con Dios.
La postura y una adecuada disposición exterior nos ayudan a no despistarnos en la oración.

Preparación
- Fotocopia los comienzos de los salmos del Material y realiza cuatro tarjetas con ellos. No olvides papel y lápices.

- Fotocopia la hoja de trabajo "Oraciones" para todos los confirmandos.
- Fotocopia la Escuela de Oración del YOUCAT para todos los confirmandos o encárgate de que traigan su Libro de catequesis para la Confirmación o el Libro de Oraciones del YOUCAT.
- Fotocopia las sugerencias para tu propia oración para cada confirmando.

Para comenzar

Empieza la sesión de catequesis para la Confirmación con un juego de distracción. Haz varios equipos. Cada equipo está formado por un emisor y uno o varios receptores. El emisor recibe una de las cuatro tarjetas con el comienzo de un salmo (apartado de Material), los receptores reciben papel y lápiz para escribir. Coloca a los emisores en una esquina de la habitación, y a los receptores en la otra. La tarea consiste en que cada uno de los grupos tiene que copiar su texto sin fallos en su papel siguiendo los gritos del emisor: y todos a la vez. Se trata de concentrarse para escuchar con atención y sin dejarse molestar por los ruidos de los otros.

Transición

Dirígelos al tema de hoy con unas palabras parecidas a estas: "También en la oración pasa muy a menudo que nos despistamos con otras cosas poco importantes".

Input: Oración

Explica a tus confirmandos que la oración es un diálogo con Dios. Puedes recordar la oración de Bart de la primera sesión. Recuérdales los siguientes aspectos:

- En la oración podemos hablar con Dios como con un amigo.
- Podemos compartir con Él nuestras preocupaciones,
- le podemos pedir consejo y ayuda y
- podemos acudir a Él en cualquier momento.

Indícales también a tus jóvenes que no siempre escucharemos enseguida la respuesta de Dios. Quizá porque nos hemos despistado y no hemos estado suficientemente atentos, o posiblemente por motivos que desconocemos.

Algunas oraciones ficticias

Luego mira con tu grupo las siguientes oraciones ficticias de la hoja de trabajo en el Material y comentadlas juntos. Le puedes dar a cada uno de los confirmandos uno de los ejemplos en un papel y pedirle que lea en voz alta la situación y la oración. Ve leyendo una oración detrás de la otra y deja que los jóvenes vayan dando su opinión después de cada oración.

David estaba marginado en la clase. Los otros chicos se burlaban de él y constantemente se estaban metiendo con él. Todo el mundo le echaba las culpas a él. Lena observaba la situación desde hacía tiempo. Le daba pena David. Por eso oró: "Jesús, haz que no se porten tan mal con David".

Alex quiere comprarse a toda costa un determinado juego de ordenador. Le coge el dinero a su padre del cajón del escritorio. Por la noche, reza Alex en la cama: "Dios bueno, ayúdame a que mi padre no se dé cuenta".

La señora Gómez tiene 84 años y sufre desde hace tiempo una enfermedad grave. Por eso tiene dolores agudos a menudo durante todo el día. Entonces siempre reza: "Oh Jesús, regálame la salud o al menos quítame los dolores. Pero que no se haga mi voluntad sino la tuya".

Elena no soporta las matemáticas. Normalmente copia las tareas de sus amigas. Antes del examen lo intenta con la oración. Por la noche pide: "Dios, ayúdame a sacar buena nota". Cuando vio que suspendió estaba todo claro: la oración no funciona.

Jorge ha visto un reportaje sobre los niños de la calle en Brasil. Desde entonces reza cada día para que ayuden a esos niños.

En el comentario deberías prestar atención a lo siguiente: En la oración de Lena, la señora Gómez y de Alex, no se puede poner ningún reparo. La oración no debe quedarse apartada de lo que nosotros, en la medida de nuestras posibilidades, podamos hacer.
Elena confunde claramente la oración con un ritual mágico para el cumplimiento de los deseos. La cosa no funciona así. La oración no es ningún sustitutivo del esfuerzo personal (eso es así hasta en la oración de Bart...).
Alex intenta convertir a Dios en su cómplice con la oración, lo que, básicamente, no es una buena idea. Quizá se esconde ahí en la oración como un pequeño paso en la dirección correcta, cuando reconoce que ha obrado mal y quiere arreglarlo.

YOUCAT: Escuela de Oración

Haz tres o cuatro grupos pequeños, dale a cada grupo dos o tres puntos de la Escuela de Oración de YOUCAT para que los lean juntos y presentarlos a todo el grupo después de unos diez minutos. Los puntos que sobren después de haberlos repartido a los pequeños grupos puedes encargárselos a un grupo que sea especialmente aplicado o hacerte cargo tú mismo.

INTERCAMBIO

Pasa por cada uno de los números en orden. Deja primero que los confirmandos correspondientes presenten su punto de la Escuela de Oración y luego da la posibilidad a todo el grupo de dar su opinión. Esta es una buena ocasión para que aporten sus experiencias propias sobre la oración.

Escribiendo tu propia oración

Ahora da a tus jóvenes un poco de tiempo, para que escriban solos una oración. Para ello le pueden ayudar las siguientes sugerencias. Comunica antes que la oración no se va a leer luego en voz alta, sino que va a quedar entre el joven y Dios.

- La oración comienza, naturalmente, con un encabezamiento. Puedes elegir la que más se adecúe a tu relación personal con Dios. En realidad, aquí no hay ningún tipo de requisito, solo tienes que tratar de que no sea irrespetuosa, al fin y al cabo se trata de Dios. Algunos encabezamientos típicos serían "Padre bueno", "Jesús" o "Señor".
- Puedes empezar tu oración con una pequeña alabanza a Dios.
- Cuéntale a Dios qué es lo que tienes entre manos, lo que te da alegría, miedo o te preocupa.
- Comparte con Él tus deseos y peticiones.
- ¿Hay personas a tu alrededor que tengan alguna necesidad, o a los que no les vaya bien? En tu oración piensa también en ellos.
- Seguramente, en tu vida hay muchas cosas por las que puedes estar agradecido. En tu oración también hay lugar para ello.
- Posiblemente no fueron tus últimos días los mejores de todos. En tu oración también puedes pedir a Dios perdón por aquello en lo que has metido la pata.
- "Amén" cierra nuestra oración. Esto significa algo así como "Sí, que así sea".

Terminamos con una oración

Padre nuestro que estás en el cielo,
santificado sea tu Nombre;
venga a nosotros tu reino;
hágase tu voluntad en la tierra como en el cielo.
Danos hoy nuestro pan de cada día;
perdona nuestras ofensas,
como también nosotros perdonamos a los que nos ofenden;
no nos dejes caer en la tentación,
y líbranos del mal.
Porque tuyo es el reino y el poder y la gloria.
Amén.

Pequeña escuela de oración

Decídete.

Dios nos ha querido y creado como personas libres. A lo largo del día sopesamos muchas veces lo que vamos a hacer, fijamos prioridades, tomamos decisiones. No se hace nada sin decidir antes. Si quieres, toma la decisión de ser alguien que ora y entabla relación con Dios. Decide con firmeza: ahora quiero ponerme a orar. Por la noche toma la decisión de hacer tu oración de la mañana siguiente, y por la mañana la de orar por la noche.

Sé fiel en lo pequeño.

Muchos comienzan a orar haciéndose grandes propósitos. Al poco tiempo, fracasan y creen que no saben orar en absoluto. Comienza eligiendo breves tiempos de oración, y mantente fiel a ellos. Tu deseo de orar y tu oración aumentarán a medida que estén adaptados a ti, a tu tiempo y a las circunstancias.

Tómate tiempo para orar.

Orar significa estar despierto, atento al hecho de que Dios está ahí y que se dirige a mí. No tienes necesidad de pedirle una audiencia. Respecto al tiempo de la oración, hay tres criterios que pueden ayudarte. Elige un tiempo fijo (la costumbre ayuda), un momento de calma (suele ser a menudo por la mañana pronto, o por la noche), y un momento que tú aprecies, que te gusta, pero que también te gusta ofrecer (¡no un tiempo "perdido"!).

Prepara bien el lugar.

El lugar en que oras influye en tu oración. Por eso búscate un lugar en el que puedas rezar bien. Para algunos, será al pie de su cama, o en su oficina. Otros se preparan un rincón que les facilite la oración, que se la recuerde, y les invite a ella: puede haber en él un taburete o un reclinatorio, un tapiz, un icono o un cuadro, una lámpara, la Biblia o un misal.

Ritualiza y estructura tu vida de oración.

A veces es necesaria mucha fuerza para decidirse de nuevo a orar. Fija una organización concreta (un rito) para tu oración. Su objetivo no es coartarte, sino ayudarte a no tener que preguntarte diariamente si quieres orar y cómo quieres hacerlo. Antes de orar, ponte conscientemente en presencia de Dios; después de tu oración, tómate un poco de tiempo para dar gracias a Dios y recibir su bendición.

Ora con todo tu ser.

La oración no es solo cuestión de pensamiento y palabras. En la oración toda la persona está llamada a unirse a Dios: tu cuerpo, tus percepciones internas y externas, tu memoria, tu voluntad, pensamientos y sentimientos o el sueño de la noche pasada. A veces las distracciones te aportan una valiosa información acerca de lo que te ocupa y mueve realmente y de lo que puedes poner expresamente ante Dios y dejarlo en Él. Aquello que hay que resolver y que se te ocurre durante la oración puedes también escribirlo y (después) volver a la oración.

Ora de formas diferentes.

Descubre y experimenta las múltiples maneras de orar, que pueden variar según el tiempo o según tu propio humor, o en razón de una determinada circunstancia: puedes recurrir a una oración formulada por otro orante que te inspira, o bien puedes orar personalmente con todo lo que te gusta decir. Puedes orar también a partir de la palabra de Dios en la Escritura (por ejemplo, las lecturas del día). No olvides tampoco la oración interior (o la oración de Jesús) en la que basta repetir una alabanza o simplemente el nombre de Jesús; es la oración interior, contemplativa, en la que todo el ser se calla y escucha...

Aprovecha las ocasiones.

Puedes aprovechar ciertas situaciones que se te presentan para improvisar una oración (una alabanza, una petición, una breve acción de gracias): un tiempo de espera, un trayecto en autobús, en tren o en coche (¡no poner rápidamente la música!), una hora de descanso, la capilla o la iglesia que se encuentra en tu camino diario. Deja que estas ocasiones de orar se conviertan en invitaciones para acercarte cada vez más a Dios.

Deja hablar a Dios.

Orar significa también escuchar la voz de Dios. Las palabras más claras de Dios son los versículos de la Sagrada Escritura que la Iglesia lee cada día. Habla a través de la tradición de la Iglesia y del testimonio de los santos. Pero habla también –a menudo de manera oculta– en el corazón de cada persona, por ejemplo, a través del juicio de tu conciencia o a través de una alegría profunda. La palabra de Dios en la Escritura hace audible la palabra de Dios en el corazón, y le da una voz. Deja que Dios tome la palabra cuando oras. Familiarízate con ella, estate atento a ella para ser capaz de distinguir su voz entre las demás voces, y aprende a reconocer su voluntad.

Ora con la Iglesia terrestre y celeste.

El que ora –solo o con otros– entra en la gran comunión de los orantes. Ella va de la tierra hasta el cielo, y comprende a los que viven todavía en la tierra, así como a los ángeles, los santos y la muchedumbre inmensa, que no podemos enumerar, de todos los que viven al lado de Dios. Orar significa también orar los unos por los otros. Por eso es bueno también no orar únicamente solo, sino hacerlo con otros cuando sea posible: en familia, con los amigos, o con la comunidad parroquial. Y con los santos. Puedes pedirles que oren por ti. Porque la solidaridad de oración de los hombres ante Dios no se detiene con la muerte.

Dichoso el hombre que no sigue el consejo de los impíos,
ni entra por la senda de los pecadores,
ni se sienta en la reunión de los cínicos;
sino que su gozo es la ley del Señor y medita su ley día y noche.

→ Sal 1

¿Por qué se amotinan las naciones
y los pueblos planean un fracaso?
Se alían los reyes de la tierra, y los príncipes conspiran
contra el Señor y contra su Mesías: "Rompamos sus
coyundas,sacudamos su yugo".

→ Sal 2

Señor, cuántos son mis enemigos,
cuántos se levantan contra mí; cuántos dicen de mí:
"Ya no lo protege Dios".
Pero Tú, Señor, eres mi escudo y mi gloria,
tú mantienes alta mi cabeza.

→ Sal 3

Escúchame cuando te invoco, Dios de mi justicia,
tú, que en aprieto me diste anchura,
ten piedad de mí y escucha mi oración.
Y vosotros, ¿hasta cuándo ultrajaréis mi honor,
amaréis la falsedad y buscaréis el engaño?

→ Sal 4

Oraciones

David estaba marginado en la clase. Los otros chicos se burlaban de él y constantemente se estaban metiendo con él. Todo el mundo le echaba las culpas a él. Lena observaba la situación desde hacía tiempo. Le daba pena David. Por eso oró: "Jesús, haz que no se porten tan mal con David".

Alex quiere comprarse a toda costa un determinado juego de ordenador. Le coge el dinero a su padre del cajón del escritorio. Por la noche, reza Alex en la cama: "Dios bueno, ayúdame a que mi padre no se dé cuenta".

La **señora Gómez** tiene 84 años y sufre desde hace tiempo una enfermedad grave. Por eso tiene dolores agudos a menudo durante todo el día. Entonces siempre reza: "Oh Jesús, regálame la salud o al menos quítame los dolores. Pero que no se haga mi voluntad sino la tuya".

Elena no soporta las matemáticas. Normalmente copia las tareas de sus amigas. Antes del examen lo intenta con la oración. Por la noche pide: "Dios ayúdame a sacar buena nota". Cuando vio que suspendió estaba todo claro: la oración no funciona.

Jorge ha visto un reportaje sobre los niños de la calle en Brasil. Desde entonces reza cada día para que ayuden a esos niños.

Sugerencias para tu propia oración

- La oración comienza, naturalmente, con un encabezamiento. Puedes elegir la que más se adecúe a tu relación personal con Dios. En realidad, aquí no hay ningún tipo de requisito, solo tienes que cuidar que no sea irrespetuosa, al fin y al cabo de trata de Dios. Algunos encabezamientos típicos serían "Padre bueno", "Jesús" o "Señor".

- Puedes empezar tu oración con una pequeña alabanza a Dios.

- Cuéntale a Dios qué es lo que tienes entre manos, lo que te da alegría, miedo o te preocupa.

- Comparte con Él tus deseos y peticiones.

- ¿Hay personas a tu alrededor que tengan alguna necesidad, o a los que no les vaya bien? En tu oración piensa también en ellos.

- Seguramente, en tu vida hay muchas cosas por las que puedes estar agradecido. En tu oración también hay lugar para ello.

- Posiblemente no fueron tus últimos días los mejores de todos. En tu oración también puedes pedir a Dios perdón por aquello en lo que has metido la pata.

- "Amén" cierra nuestra oración. Esto significa algo así como "Sí, que así sea".

Una anciana señora con muchas arrugas

9 La Iglesia: un hogar para ti y para mí

Fundamentos teológicos

A los cristianos católicos se les hacen a menudo muchas recriminaciones: la Inquisición, las cruzadas, el caso de Galileo... Merece la pena leer libros como *Leyendas negras de la Iglesia*, de Vittorio Messori (Planeta, 2000), para poder enfrentarse a los peores prejuicios, pero también con frecuencia tenemos que decir humildemente: "Desgraciadamente es verdad". El papa Juan Pablo II realizó un reconocimiento de la culpa con motivo del año santo de 2000 y pidió perdón por los pecados a lo largo de toda la historia de la Iglesia. El motivo: la Iglesia no es el club de los perfectos, y pertenecer a la Iglesia tampoco nos convierte en santos. A lo largo de la historia no ha sido así, y hoy en día tampoco.

La mayoría de las recriminaciones no se dirigen, sin embargo, al comportamiento incorrecto de las personas individuales, sino que proceden de un gran malentendido. "No hay ni cien personas en los Estados Unidos que odien a la Iglesia católica romana. Pero hay millones que odian lo que ellos entienden por Iglesia católica", dijo el arzobispo Fulton Sheen, que murió en 1979.

En realidad, es horriblemente profunda esta imagen que transmiten muchos medios de comunicación sobre la Iglesia y que muchas personas tienen en su cabeza. Y es injusto. No podemos ni queremos aquí ir al detalle. Eso daría para un libro entero. Solo tres puntos generales: en primer lugar, todas las personas, también cuando pertenecen a la Iglesia, son pecadoras. Y porque una persona tenga un cargo o un puesto no deja de ser pecador. En segundo lugar, la Iglesia siempre es, de esta manera, un hijo de su tiempo. Aunque tenga otro origen, otras fuentes y otro Señor, ni los mismos bautizados entienden algunas cosas la mayoría de las veces, cuando en el horizonte del momento en el que ocurrió sí que puede entenderse. Y en tercer lugar, no son menos pecadores ni están menos equivocados aquellos que recriminan a la Iglesia. Eso se puede ver en que un estudio minucioso y bienintencionado de la historia de la Iglesia y de la doctrina cristiana concluye que la mayoría de los reproches y prejuicios se relativizan o son infundados.

La crítica o más que crítica imagen de la Iglesia se origina con frecuencia de tal manera que se mide mediante comparaciones, que simplemente no son ciertas.

- Por ejemplo, la Iglesia no es ningún Estado. ¿Por qué tiene que haber, entonces, una democracia? ¿Es una orquesta democrática? ¿Y estamos nosotros por eso de acuerdo con todos en un Estado, porque se dan procesos democráticos? ¿Se puede votar sobre la verdad?
- Por ejemplo, la Iglesia no es ninguna empresa económica. Entonces, ¿por qué debe estar conforme al mercado? Cuando un producto ya no se vende, se quita la empresa del mercado. Cuando se debe vender un producto, se califica a través de la publicidad como una cosa atractiva. ¿Debe trapichear la Iglesia de Jesús? ¿Para nosotros como clientes?
- Por ejemplo, la Iglesia no es ningún dormitorio. ¿Por qué tiene que ser la Iglesia siempre calentita y acogedora? Cuando queremos tener diversión, vamos al parque de ocio. Cuando le queremos conceder algo a nuestro cuerpo y a nuestra mente, hacemos Fitness o Wellness. ¿Es Dios un animador o un masajista?

El YOUCAT resume muy bien lo que es la Iglesia:

La Iglesia es más que una institución porque es un Misterio que es a la vez humano y divino. **Y → 124**

La Iglesia es el Cuerpo de Cristo. No somos por tanto "los numerosos miembros de la asociación de los amigos de Jesús", somos el cuerpo del Dios hecho hombre en la tierra. La cabeza de este cuerpo es Cristo. **Y → 121**

El principio vital de la Iglesia es el Espíritu de Cristo: Él habló por los profetas, actúa en los sacramentos, habita en el corazón de los creyentes y habla en sus oraciones. **Y → 128**

La Iglesia no está ahí para sí misma. Tampoco está ahí para que cada individuo se divierta y se realize por sí solo. **Y → 122**

La Iglesia es el Pueblo de Dios, que Dios mismo llamó a la vida, que Jesucristo encabeza y cuya fuente de energía es el Espíritu Santo. **Y → 125**

La Iglesia, como Pueblo de Dios, no es un fin en sí misma. Existe la frase "Una Iglesia que no sirve, no sirve para nada". Sería un error, si se hiciera de la Iglesia una especie de auxiliar ejecutivo de cualesquiera intereses, quizá de aquellos que se contradicen profundamente con los mandamientos de Dios y la misión de la Iglesia. Pero la Iglesia no es un fin en sí misma: **Y → 123**

Si consideramos y tenemos presente solo estos tres puntos uno detrás de otro, entonces estará claro que la Iglesia no se puede comparar con un Estado, ni con una asociación ni con ninguna empresa, porque pertenece a dos esferas: es humana y divina a la vez. Tiene características de una institución, pero quien la ve solo así la subestima. Es el cuerpo, cuya cabeza es Cristo y cuyos miembros somos nosotros. Y este hecho lo lleva a cabo el Espíritu Santo, por la fe, en los sacramentos.

Se trata de una realización en comunidad, no solitaria. Una realización en relación, así como Dios mismo es relación. Y una realización en dirección a la no-Iglesia. Una realización misionera, social. Lo resume muy bien esta frase: "Por eso la Iglesia, con todas sus debilidades, es realmente un fragmento de cielo en la tierra". **Y → 123**

Aquí lo importante no es transmitir qué cara de la Iglesia tiene que cuidarse, sino estar presente y activo en ella, ser comunidad eclesial. Porque muchas de estas imágenes de la Iglesia como un bloque de piedra provienen de que nosotros mismos nos movemos muy poco en ella y se refieren a ella siempre desde fuera. Esta perspectiva puede ser en ocasiones absolutamente necesaria, porque ya hemos visto que la Iglesia se orienta hacia fuera y no debería dedicarse constantemente a mirarse el ombligo. Pero su verdad interior, su esencia, no la reconocemos por esto. La reconocemos a través de la oración, al recibir los sacramentos, con la lectura de la Sagrada Escritura, en los demás y en la propagación de la fe.

"Entrar puede cualquiera, también cuando esté sucio o se encuentre sucio, cuando sea altamente culpable, cuando no se aclare con sus sentimientos, cuando viva en una relación irregular o tenga más preguntas que respuestas. Puede estar divorciado por tercera, cuarta o quinta vez, se puede ser adicto al alcohol, a las drogas o a Internet (o todo a la vez), se puede haber sido un creyente y haber perdido la fe entre el gentío. Da igual. Cristo no requiere una vida correcta según el lema: Primero ordeno mi vida y luego me puedo presentar ante Dios. Entonces no sería cristiano nunca. ¿Qué vida es ya perfecta?".
BERNHARD MEUSER, Christsein für Einsteiger, p. 17

SESIÓN 9

¿Qué pasa con la Iglesia?

CATEGORÍA

Tema y objetivo:
La Iglesia es el Cuerpo de Cristo y cada uno tiene su tarea en ella.
Los sacerdotes tienen una vocación especial en la Iglesia.
Todos debemos seguir a Jesús como miembros de la Iglesia.

Preparación
- Hazte con papelitos y lápices. No olvides tu móvil o tu reloj si quieres parar el tiempo con precisión.
- Fotocopia las hojas de trabajo para el juego "Somos Iglesia" y recórtalas debidamente. Compra un paquete grande de golosinas, un cuenco y unas tijeras.
- Fotocopia la presentación sobre la estructura de la Iglesia.

Para comenzar
Concede a tus confirmandos unos tres minutos de tiempo para escribir tantos términos como les sea posible que se puedan decir en lugar de "Iglesia".

Transición
Impresiona a tus confirmandos diciéndoles que la Iglesia se puede llamar además "Cuerpo de Cristo".

Trabajo en grupo
Divide a tus confirmandos en tres grupos. Su tarea consistirá en resumir por qué la Iglesia se denomina también "Cuerpo de Cristo", utilizando **B → 1 Cor 12,12-31a Y → 126** (La Iglesia como Cuerpo de Cristo).

Presentación de las conclusiones
Que los grupos presenten sus conclusiones y dales a tus confirmandos la oportunidad de aclarar dudas.

Juego "Somos Iglesia"
Para que sea más distendido y para profundizar en el aspecto "Un cuerpo, pero muchos miembros", juega con los jóvenes al juego "Somos Iglesia". Para ello, previamente, habrás escondido las golosinas cerca de la ventana, las tijeras en la papelera y el cuenco debajo en el armario. O unas hojas debidamente adaptadas con los objetos. Reparte los papeles con los roles a tus confirmandos y explícales que su tarea consistirá en colocar el cuenco sobre la mesa, abrir el paquete de golosinas con las tijeras y ponerlas luego en el cuenco. Todo ello, sin embargo, cumpliendo siempre las reglas que se encuentran en los papeles con los roles.
Nota: El primer rol es el del coordinador y por eso es especialmente importante. Procura dárselo a algún jugador apropiado.

Intercambio
Mientras os coméis las golosinas, comenta con tus confirmandos cómo ha funcionado el juego y refiérete a la relación que guarda con la Iglesia como Cuerpo de Cristo según la Primera Carta a los Corintios ("un solo cuerpo, muchos miembros") si ellos no sacan el tema por sí solos.

Transición
Explica a tu grupo que el coordinador tenía un papel especial, aunque también es un hecho que cada miembro individual del grupo era absolutamente necesario para conseguir el éxito. Una función parecida tiene en la Iglesia el sacerdote, que dirige a la comunidad.

Parte con el YOUCAT
Leed todos juntos el YOUCAT **Y → 138** ("¿Cómo está estructurada la Iglesia una, santa, católica y apostólica?") y comentadlo.

Trabajo en grupo
Divide a tus jóvenes en pequeños grupos con unos tres miembros y dales aproximadamente 15 minutos para que representen gráficamente la estructura de la Iglesia. Comparad luego los resultados de los grupos con la presentación del Material.

Intercambio
Explica a tus confirmandos que la palabra "Iglesia" proviene del griego ekklesia (los convocados), y se refiere a los llamados de todos los pueblos que pertenecen a Jesús por el Bautismo (cfr. con el YOUCAT **Y → página 77**). Si fuera necesario, acentúa aquí de nuevo que hay muchas tareas y servicios dentro de la Iglesia, y que todos, sin embargo, pertenecen a Jesús y a Él hay que seguir.
Intercambiad vuestras opiniones sobre lo que significa la pertenencia a la Iglesia y a Jesús y dónde se encuentra vuestro lugar en la Iglesia.

Terminamos con una oración
Padre bueno,
somos tu Iglesia.
Nos has llamado a seguirte y a construir el Reino todos juntos contigo.
Regálanos tu Espíritu, que escuchemos en nuestra vida a tu voz y seamos siempre fieles a ti.
Amén

SESIÓN 9

CATEGORÍA

¿Qué pasa con la Iglesia?

Tema y objetivo:
La Iglesia es el Cuerpo de Cristo y cada uno tiene su tarea en ella.
Los sacerdotes tienen una vocación especial en la Iglesia.
Todos debemos seguir a Jesús como miembros de la Iglesia.

Preparación

- Hazte con papelitos y lápices. No olvides tu móvil o tu reloj si quieres parar el tiempo con precisión.
- Fotocopia las hojas de trabajo para el juego "Somos Iglesia" y recórtalas debidamente. Compra un paquete grande de golosinas, un cuenco y unas tijeras.
- Fotocopia la presentación sobre la estructura de la Iglesia.

Extra de dibujos animados

Si tienes mucho tiempo, puedes empezar esta sesión con un capítulo de *Los Simpson*, en el que Homer se propone no volver a ir a la Iglesia ("Homer, el hereje", versión original "Homer the Heretic", 4ª temporada, capítulo 3). Explica a tu grupo que tanto Homer como Marge tienen una imagen un poco errónea sobre qué es la Iglesia. Pasa directamente al trabajo en grupo.

Para comenzar

Concede a tus confirmandos unos tres minutos de tiempo para escribir tantos términos como les sea posible que se puedan decir en lugar de "Iglesia".

Transición

Impresiona a tus confirmandos diciéndoles que la Iglesia se puede llamar además "Cuerpo de Cristo".

Trabajo en grupo

Divide a tus confirmandos en tres grupos. Ellos tendrán que explicar una denominación de la Iglesia con la ayuda del YOUCAT y del Nuevo Testamento.

Grupo 1: B → **1 Cor 12,12-31a** y Y → **126** (La Iglesia como Cuerpo de Cristo)
Grupo 2: B → **2 Cor 6,16** y Y → **128** (La Iglesia como templo del Espíritu Santo)
Grupo 3: B → **1 P 2,9-10** y Y → **125** (La Iglesia como Pueblo de Dios)

Presentación de las conclusiones

Que los grupos por orden presenten sus conclusiones y dales a tus confirmandos la oportunidad de aclarar dudas.

Juego "Somos Iglesia"

Para que sea más distendido y para profundizar en el aspecto "Un cuerpo, pero muchos miembros", juega con los jóvenes al juego "Somos Iglesia". Para ello, previamente, habrás escondido las golosinas cerca de la ventana, las tijeras en la papelera y el cuenco debajo en el armario. O unas hojas debidamente adaptadas con los objetos. Reparte los papeles con los roles a tus confirmandos y explícales que su tarea consistirá en colocar el cuenco sobre la mesa, abrir el paquete de golosinas con las tijeras y ponerlas luego en el cuenco. Todo ello, sin embargo, cumpliendo siempre las reglas que se encuentran en los papeles con los roles.

Nota: El primer rol es el del coordinador y por eso es especialmente importante. Procura dárselo a algún jugador apropiado.

Intercambio
Mientras os coméis las golosinas, comenta con tus confirmandos cómo ha funcionado el juego y refiérete a la relación que guarda con la Iglesia como Cuerpo de Cristo según la Primera Carta a los Corintios ("un solo cuerpo, muchos miembros") si ellos no sacan el tema por sí solos.

Transición
Explica a tu grupo que el coordinador tenía un papel especial, aunque también es un hecho que cada miembro individual del grupo era absolutamente necesario para conseguir el éxito. Una función parecida tiene en la Iglesia el sacerdote, que dirige a la comunidad.

Parte con el YOUCAT
Leed todos juntos el YOUCAT **Y → 138** ("¿Cómo está estructurada la Iglesia una, santa, católica y apostólica?") y comentadlo.

Trabajo en grupo
Divide a tus jóvenes en pequeños grupos con unos tres miembros y dales aproximadamente 10 minutos para que representen gráficamente la estructura de la Iglesia. Comparad luego los resultados de los grupos con la presentación del Material.

Intercambio
Explica a tus confirmandos que la palabra "Iglesia" proviene del griego ekklesia (los convocados), y se refiere a los llamados de todos los pueblos que pertenecen a Jesús por el Bautismo (cfr. con el YOUCAT **Y → página 77**). Si fuera necesario, acentúa aquí de nuevo que hay muchas tareas y servicios dentro de la Iglesia, y que todos, sin embargo, pertenecen a Jesús y a Él hay que seguir.

Intercambiad vuestras opiniones sobre lo que significa la pertenencia a la Iglesia y a Jesús y dónde se encuentra vuestro lugar en la Iglesia.

Terminamos con una oración
Padre bueno,
somos tu Iglesia.
Nos has llamado a seguirte y a construir el Reino todos juntos contigo.
Regálanos tu Espíritu, que escuchemos en nuestra vida a tu voz y seamos siempre fieles a ti.
Amén

Juego: "Somos Iglesia"

Objetivo: Colocar el cuenco sobre la mesa, abrir la bolsa de golosinas con las tijeras y llenar el cuenco con las golosinas.

No puedes moverte ni un milímetro ni tocar nada.
Pero puedes hablar tanto como quieras.

No puedes moverte ni un milímetro ni tocar nada.
No puedes decir nada más que "sí", "no", "yo" y "yo no". Las golosinas se encuentran cerca de la ventana.

No puedes moverte ni un milímetro ni tocar nada. No puedes decir nada más que "sí", "no", "yo" y "yo no". Las tijeras se encuentran en la papelera.

No puedes moverte ni un milímetro ni tocar nada. No puedes decir nada más que "sí", "no", "yo" y "yo no". El cuenco se encuentra debajo en el armario.

Solo te puedes mover cuando sepas exactamente dónde se encuentran las golosinas, el cuenco y las tijeras. No puedes llevar varias cosas a la vez. No puedes utilizar las cosas, ni abrirlas ni llevarlas cerca de la mesa.
No puedes decir nada más que "sí", "no", "yo" y "yo no".

Solo puedes moverte mientras tengas las golosinas en la mano. No puedes tocar nada más. No puedes decir nada más que "sí", "no", "yo" y "yo no".

Solo puedes moverte mientras tengas las tijeras en la mano. No puedes tocar nada más. No puedes decir nada más que "sí", "no", "yo" y "yo no".

Solo puedes moverte mientras tengas el cuenco en la mano. No puedes tocar nada más. No puedes decir nada más que "sí", "no", "yo" y "yo no".

Jerarquía de la Iglesia

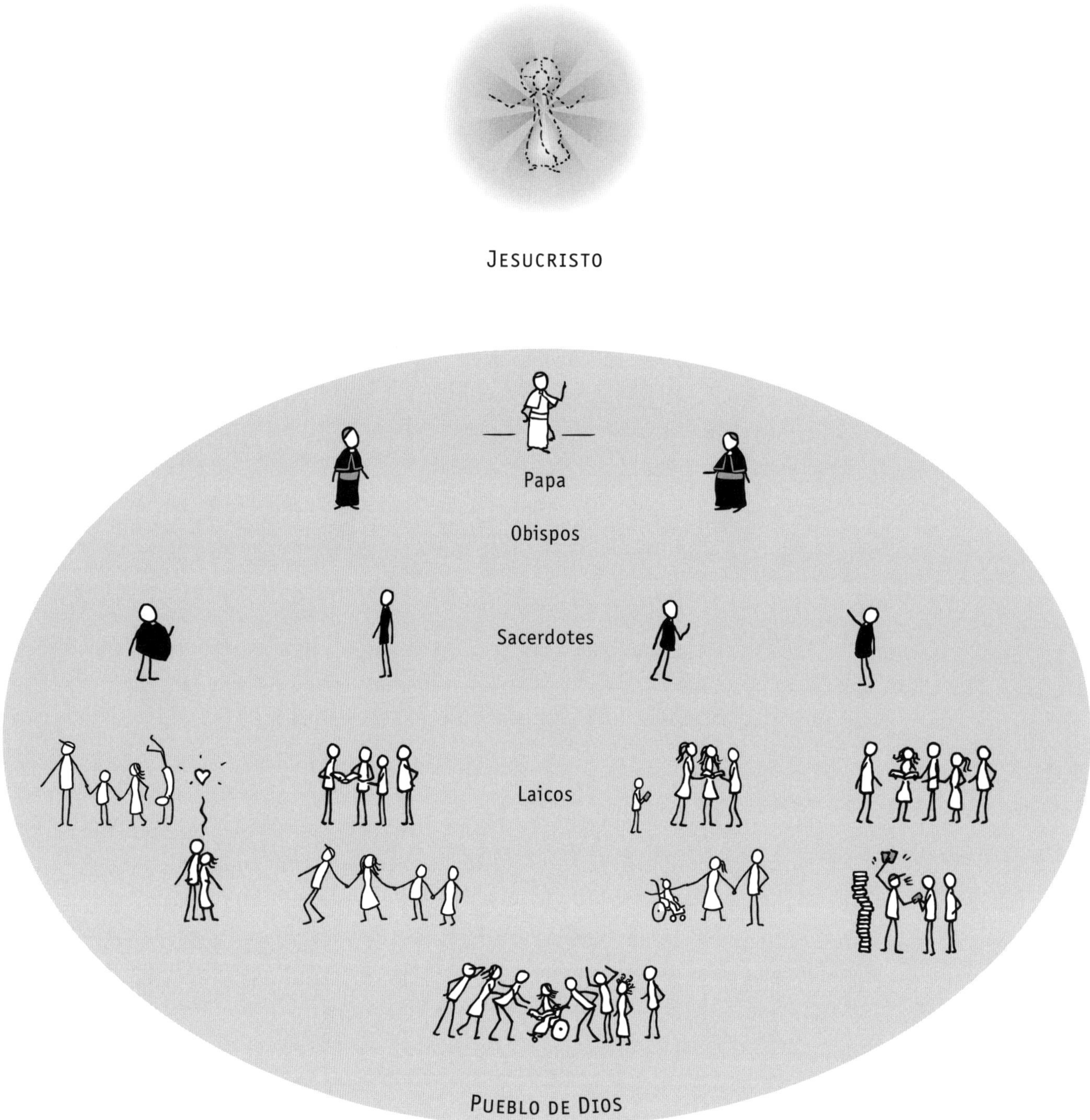

¡VAYA REGALO!

10 La Eucaristía: sobre la generosidad de Dios

Fundamentos teológicos

En torno al año 300 se produjo la última ola brutal de persecución de los cristianos en el Imperio romano. El emperador Diocleciano prohibió bajo pena de muerte tener una Biblia, celebrar la Misa los domingos o erigir lugares cristianos para la reunión. En un pueblo norteafricano llamado Abitinia (la actual Túnez) fueron pillados 49 cristianos celebrando la misa dominical. Fueron apresados y llevados a Cartago ante el procónsul. Cuando se les dio la palabra, según el procedimiento habitual, y conociendo la estricta prohibición imperial de celebrar la Eucaristía los domingos, respondió uno de los hombres llamado Emérito: "Sin el día del Señor no podemos vivir".

Obviamente no se refería con esto a un día libre, sino a esto: la participación en la Santa Misa del domingo. Y estos 49 fueron torturados cruelmente y ejecutados en el año 304 por no abandonar sus prácticas. Su libertad, su integridad física y en último término su vida eran menos valiosas para ellos que la Misa del domingo.

También en el tercer milenio hay en algunas regiones del mundo persecuciones de cristianos, pero en Occidente no se puede hablar (todavía) sobre ello. Desgraciadamente, ahí mucho menos se puede hablar de que algo significará para la mayoría de los cristianos ir a la Misa dominical porque quieren santificar el domingo, en sentido amplio.

Nosotros, como personas, necesitamos regularmente un momento de tranquilidad: para pensar y reflexionar. Podemos durante seis días a la semana currar y estar de fiesta, pero el séptimo debemos volver a la calma. El hombre no es ninguna bestia de carga ni el rey de la fiesta. El hombre es la imagen de Dios. Dios descansó después de estar seis días creando (**B → Gn 2,2**): "Y bendijo Dios el séptimo día y lo consagró, porque en él descansó de toda la obra que Dios había hecho cuando creó" (**B → Gn 2,3**).

El hombre no es ningún ser solitario. Todos tienen padres, muchos tienes hermanos, luego una pareja e hijos. Cada individuo ha crecido en una familia, le debe a ella su origen, sus talentos y su carácter. Cuando el padre y la madre, el tío y la tía, o los abuelos se hacen mayores, se vuelven a menudo más débiles, y solitarios. También en ellos se puede pensar alguna vez. Además de la familia, cada uno tiene amigos y vecinos, el hombre es un ser social, un ser comunitario. Si cada uno descansa un día distinto, muchos se van quedando solos. La sociedad pierde su consistencia.

La comunidad humana desarrolla una cultura. Y esta se inserta en un cosmos, en una naturaleza. La naturaleza tiene sus ritmos: día y noche, estaciones del año, cambios de año. También la cultura estructura su tiempo: tiempos para trabajar, para descansar, para festejar. Celebrar todos juntos, celebraciones religiosas. No nacemos con las manos vacías, sino que pertenecemos a una cultura. Las tradiciones nos marcan, el patrimonio cultural nos rodea. Sería un empobrecimiento, incluso un embrutecimiento de las personas, si solo conocieran su trabajo y su entretenimiento.

El tercero de los Diez Mandamientos nos explica el domingo, el primer día de la semana, como día del descanso y el día de Dios. El YOUCAT explica la importancia del sábado para Israel (**B → Ex 20,8-11; Dt 5,14-15; Y → 362**), el comportamiento de Jesús ante el sábado (**Y → 363**), el cambio del sábado al domingo (**Y → 364**) y qué es lo que le hace el día del Señor (**Y → 365**). Al domingo corresponden la participación en la Santa Misa, ya que la Eucaristía es el "corazón del domingo" **Y → 219**

El mismo Jesús unió la Eucaristía con la vida eterna: "Yo soy el pan vivo que ha bajado del cielo; el que coma de este pan vivirá para siempre. Y el pan que yo daré es mi carne por la vida del mundo" (**B → Jn 6,51**), y con la resurrección en el último día: "El que come mi carne y bebe mi sangre tiene vida eterna, y yo lo resucitaré en el último día" (54). Porque la comunión logra una unión íntima con Jesucristo: "El que come mi carne y bebe mi sangre habita en mí y yo en él" (56).

Lo que sucede en el cambio del pan y vino en el cuerpo y la sangre de Jesús es un salto cuántico. El Hijo de Dios se ha servido de la naturaleza humana para actuar en la historia humana. El pan y el vino se convierten, por su conexión natural, en un nuevo medio de comunicación sobrenatural entre Dios y el hombre. A través de ellos se transmite la salvación, que históricamente sucedió en Jesucristo.

Seguro que nos acordamos de la historia de la caída en el pecado original: Adán y Eva tomaron el fruto prohibido. La Comunión le da la vuelta a estos acontecimientos: Jesucristo nos da de comer. Volvemos a ser invitados, antes éramos ladrones. Tenemos que acoger la Salvación y dejarnos alimentar como pajarillos por este alimento celestial. Pensemos en las palabras de la celebración de la Misa: "Tomó el pan y, dándote gracias, lo partió y lo dio a sus discípulos...". Somos receptores de la salvación. En la plegaria eucarística I, el canon romano, pedimos: "... que cuantos recibimos el Cuerpo y la Sangre de tu Hijo, al participar aquí de este altar, seamos colmados de gracia y bendición". Esta es una comida nueva, cuando un alimento básico, que estamos dispuestos a cogerlo con fuerza, se convierte en la presencia del Salvador, que nosotros ingerimos no solo como remedio: por la comunión nos convertimos en miembros de su Cuerpo. Cada domingo, cuando celebramos la resurrección, se va construyendo la Iglesia, se convierte en el Cuerpo de Cristo, insertada en el amor de Dios.

¡Y todos estamos invitados a este acto natural y sobrenatural, a esta unión del cielo y la tierra, a esta reconciliación del hombre con Dios! El banquete que celebramos es como un bocadito, como una degustación del "banquete de bodas celestial", del "banquete del Cordero"... Encontrarás todo sobre la Eucaristía en **Y → 208–223**

SESIÓN

10

¿Qué pinto yo en la misa?

CATEGORÍA

Tema y objetivo:
Jesús quiere acercarse a nosotros en la Eucaristía.
Jesús está presente en la Misa y, especialmente, en la Sagrada Comunión.

Preparación

- Fotocopia la invitación a la fiesta de Jesús del apartado de Material y escribe en cada una el nombre de tus confirmandos. Ponlas también en sobres con sus nombres.
- Fotocopia la hoja de excusas para no ir a la fiesta.

Para comenzar

Reparte, al principio de la sesión, un sobre cerrado con la invitación para la fiesta a cada uno de los confirmandos. Que lo abran y lean la carta para ellos mismos.

Declinar la invitación a la fiesta

Invita a tus jóvenes a pensar que, si Jesús pudiera escribirles, por qué no tomarían parte en su fiesta. Si tu grupo es un poco creativo, haced un pequeño juego de roles: cada confirmando se piensa una excusa y llama a Jesús desde su móvil para rechazar la invitación. "Hola, Jesús, soy yo. Qué va, no podré ir el domingo porque...".
Si tus confirmandos no son muy creativos ni comunicativos, cada uno debe escoger una excusa del Material y rechazar la fiesta con esa excusa.

Discutid entre todos si se trata de una razón sensata para no ir a la fiesta.

En el diálogo podría salir que la excusa no valdría cuando se trata de ir a la fiesta de tu mejor amiga o amigo. O que es bien distinto excusarse por teléfono (o con una oración) que si te lo encuentras en persona. La noticia personal más importante para nosotros se encuentra en la lectura y en el Evangelio. Si da resultado, puedes indicar también que hay muchas misas a distintas horas, y también los sábados por la tarde y a veces incluso el domingo por la tarde, así que la excusa del tiempo ya está resuelta. Visto con más perspectiva, el rechazo de la invitación es, en realidad, un signo absoluto de que en la amistad hay crisis y se quiere vivir separado del otro. Para arreglar eso podría ayudar ir a la fiesta...

Parte con el YOUCAT

Leed juntos **Y → 219** "¿Con qué frecuencia debe participar un católico en la Eucaristía?" e intercambiad vuestras opiniones sobre ello.

Transición

Si tus jóvenes no han planteado la cuestión por ellos mismos, dirígelos hacia el siguiente punto: "Y ahora podría decir alguno: yo estuve el domingo pasado en la fiesta de Jesús, pero Él no vino. Y ni me dijo nada. Claro que eso puede pasar. Pero hay que saber dónde se puede encontrar al anfitrión cuando se le busca. Gracias a Dios, nos ha dejado un par de indicaciones".

¿Dónde está Jesús?

Reparte la fotocopia con la imagen en la que buscar a Jesús: "¿Dónde está Jesús?".

Jesús está presente en la comunidad

Lee ahora con tu grupo **B → Mt 18,20** ("Porque donde dos o tres están reunidos en mi nombre, allí estoy yo en medio de ellos") directamente de la Biblia o coloca una tarjeta con el texto en el medio. Piensa con tu grupo qué es lo que significa el versículo. Explícales durante el diálogo que Jesús siempre está ahí cuando nos reunimos en su nombre para rezar o celebrar la Misa. Dile a tu grupo que marquen en su hoja de trabajo ¿Dónde está Jesús? la comunidad y el sacerdote que está junto al ambón.

Jesús está presente en su Palabra

Coloca la tarjeta con la cita del Concilio Vaticano II en el medio: "Jesús está presente en su Palabra, pues, cuando se lee en la Iglesia la Sagrada Escritura, es Él quien habla". Explica sobre esta cita que se trata de una afirmación del Concilio Vaticano II, de una asamblea de la Iglesia que tuvo lugar en el siglo XX y que la preparó para el siglo XXI. Deja que tus jóvenes reflexionen sobre qué es lo que significa esta frase. Trata de que Jesús mismo nos habla cuando se leen en voz alta las lecturas o el Evangelio en la Misa. Por lo tanto, está presente en su Palabra. Que los confirmandos marquen en su hoja el Evangeliario con otro color.

Jesús está realmente presente en el Santísimo Sacramento

Leed todos juntos **B → Lc 22,19-20** ("Y, tomando pan, después de pronunciar la acción de gracias, lo partió y se lo dio diciendo: 'Esto es mi cuerpo que se entrega por vosotros; haced esto en memoria mía'. Después de cenar, hizo lo mismo con el cáliz diciendo: 'Este cáliz es la nueva alianza en mi sangre, que es derramada por vosotros'".) o coloca la tarjeta correspondiente en el medio.
Deja de nuevo a los jóvenes que reflexionen sobre qué significan estos versículos del Evangelio de Lucas. Si fuera necesario, indica que Jesús pronunció estas palabras en la última cena, antes de morir.
Cuando hayáis llegado a que Jesús está presente en la Misa bajo el aspecto del pan y del vino, explícales a tus confirmandos que en cada Eucaristía ocurre un cambio por las palabras del sacerdote en el pan y el vino, convirtiéndose en el Cuerpo y la Sangre de Cristo, tal y como nos anunció en la última cena. Además, deberías explicarles que en la Misa nos unimos en la comunión de manera muy íntima con Jesús, e incluso tan cerca que no vamos a poder estar en este mundo más cerca de Él.

Trabajo en pequeños grupos:

Divide a los confirmandos en pequeños grupos de unos tres miembros y encomiéndales que piensen unos diez minutos qué es lo que reciben cuando pueden estar tan cerca de Jesús en la Eucaristía.

Intercambio:

Que cada pequeño grupo presente sus conclusiones. Si hiciera falta, completa diciendo que nosotros, en esta íntima cercanía con Jesús, podemos presentarnos ante Él con nuestros deseos, y que podemos introducirnos en su amor y ser transformados si nos abandonamos en Él.

Y entonces estamos en disposición de vivir como Jesús quiere y seremos ayuda para aquellos que nos rodean.

Terminamos con una oración
Señor Jesucristo,
en la Eucaristía te nos regalas, porque quieres estar cerca de nosotros.
Ayúdanos a entender cada vez más este Misterio
y danos la fuerza para aceptar tu invitación,
también aunque no tengamos ganas.
Amén

SESIÓN 10

CATEGORÍA

¿Qué pinto yo en la misa?

Tema y objetivo:
Jesús quiere acercarse a nosotros en la Eucaristía.
Jesús está presente en la Misa y, especialmente, en la Sagrada Comunión.

Preparación
- Fotocopia la invitación a la fiesta de Jesús del apartado de Material y escribe en cada una el nombre de tus confirmandos. Ponlas también en sobres con sus nombres.
- Fotocopia la hoja de excusas para no ir a la fiesta.
- Fotocopia de nuevo la hoja de trabajo para cada miembro del grupo.

Para comenzar
Reparte, al principio de la sesión, un sobre cerrado con la invitación para la fiesta a cada uno de los confirmandos. Que lo abran y lean la carta para ellos mismos.

Declinar la invitación a la fiesta
Invita a tus jóvenes a pensar que, si Jesús pudiera escribirles, por qué no tomarían parte en su fiesta. Si tu grupo es un poco creativo, haced un pequeño juego de roles: cada confirmando se piensa una excusa y llama a Jesús desde su móvil para rechazar la invitación. "Hola, Jesús, soy yo. Qué va, no podré ir el domingo porque..."
Si tus confirmandos no son muy creativos ni comunicativos, cada uno debe escoger una excusa del Material y rechazar la fiesta con esa excusa.

Discutid entre todos si se trata de una razón sensata para no ir a la fiesta.

En el diálogo podría salir que la excusa no valdría cuando se trata de ir a la fiesta de tu mejor amiga o amigo. O que es bien distinto excusarse por teléfono (o con una oración) que si te lo encuentras en persona. La noticia personal más importante para nosotros se encuentra en la lectura y en el Evangelio. Si da resultado, puedes indicar también que hay muchas misas a distintas horas, y también los sábados por la tarde y a veces incluso el domingo por la tarde, así que la excusa del tiempo ya está resuelta. Visto con más perspectiva, el rechazo de la invitación es, en realidad, un signo absoluto de que en la amistad hay crisis y se quiere vivir separado del otro. Para arreglar eso podría ayudar ir a la fiesta...

Parte con el YOUCAT
Leed juntos **Y → 219** "¿Con qué frecuencia debe participar un católico en la Eucaristía?" e intercambiad vuestras opiniones sobre ello.

Input y transición

"Si ahora vais el domingo a la fiesta de Jesús, será sobre todo para encontrarse con Él. Para ello debéis saber dónde podréis encontrarlo. Si no conoces muy bien el lugar, a veces puede ser un poco difícil.

Primeramente está presente cuando celebramos la Misa, según nos prometió: Porque donde dos o tres están reunidos en mi nombre, allí estoy yo en medio de ellos (**B → Mt 18,20**). Y está presente en la palabra del Evangelio que se lee en la Misa, porque a través de ella nos habla personalmente a cada uno de nosotros. Pero de forma especial está presente en la Eucaristía, en el Cuerpo y la Sangre de Cristo. Y eso tenemos que verlo con un poco más de detenimiento".

Parte con la Biblia

Leed todos juntos el texto de la institución de la Eucaristía **B → Lc 22,14–20.** Reparte el cuestionario y dales unos diez minutos para volver a leer el texto y responder al cuestionario.

Intercambio

Que los confirmandos lean sus respuestas en voz alta uno detrás de otro. En el mejor de los casos, se originará un diálogo sobre las distintas respuestas. Posiblemente tendrás que echar una mano haciendo quizá un par de preguntas tú mismo. En el diálogo debe quedar claro que Jesús de verdad se alegra de celebrar con nosotros, Él ha instituido la Eucaristía (**Y → 209 y 210**) y nosotros podemos estar muy cerca de Él en la Comunión, porque está de verdad presente bajo la forma del pan consagrado.

Parte con el YOUCAT

Leed en el YOUCAT (**Y → página 129 y s.**) la explicación sobre la Transubstanciación e intercambiad directamente vuestras ideas.

Leed luego YOUCAT **Y → 216** ("¿De qué modo está presente Cristo cuando se celebra la Eucaristía?") y **Y → 217** (¿Qué sucede en la Iglesia cuando celebra la Eucaristía?).

Intercambio

Es importante que salgan los siguientes aspectos en el intercambio de opiniones:

- En la comunión tomamos parte de Jesús y nos convertimos en "Cuerpo de Cristo" y nos unimos con los demás.
- Cuando nos presentamos a nosotros y nuestra vida cotidiana a Dios en la Misa, nos transforma también a nosotros y nos da fuerza para nuestro compromiso de transformar el mundo según su voluntad.

Terminamos con una oración

Señor Jesucristo,
en la Eucaristía te nos regalas, porque quieres estar cerca de nosotros.
Ayúdanos a entender cada vez más este Misterio y danos la fuerza para aceptar tu invitación,
incluso aunque no tengamos ganas.
Amén

AMOR DE
DIOS

Querido/a ______________________________:

Tengo muchas ganas de que vengas a mi fiesta el domingo. Ya hace algún tiempo que no nos hemos visto, por eso me encantaría volver a verte. Luego podremos charlar un rato, espero.
Por cierto, quizá la música no sea exactamente de tu gusto, pero es que le he prometido a Johann-Sebastian que él sería el DJ. Ya sabes cómo es. Pero me imagino que de algún modo te las apañarás.

Por cierto, Manu también va a venir. Ya sé que no puedes soportarlo, pero es que a mí me cae bien. A veces es un poco pesado, ya sabes. Pero no tienes que hablar con él.

Me alegraría muchísimo que vinieras.

Tu amigo,

Jesús

Pd.- Por cierto, ¡¡tengo algo importantísimo que contarte!! :-)
¡¡¡Más información el domingo!!!

ENVIADO DIRECTAMENTE DESDE EL CIELO

Excusas para no ir a la fiesta:

La música no mola nada.

Manu también va. Y no quiero estar en la misma habitación que él.

El domingo no puedo, es que quería ver la tele.

Ya estuvimos hablando la semana pasada por teléfono, ¡¿qué pinto entonces en la fiesta?!

Tenías que haber hecho la fiesta en medio del bosque, entonces sí que habría ido.

Ya estuve el año pasado en tu fiesta, eso ya tiene que bastar.

La fiesta es muy temprano para mí. ¿No podrías posponerla?

¿Dónde está Jesús?

"Porque donde dos o tres están reunidos en mi nombre, allí estoy yo en medio de ellos".

→ Mt 18,20

"Jesús está presente en su Palabra, pues, cuando se lee en la Iglesia la Sagrada Escritura, es Él quien habla".

→ Concilio Vaticano II

Y, tomando pan, después de pronunciar la acción de gracias, lo partió y se lo dio diciendo: "Esto es mi cuerpo que se entrega por vosotros; haced esto en memoria mía". Después de cenar, hizo lo mismo con el cáliz diciendo: "Este cáliz es la nueva alianza en mi sangre, que es derramada por vosotros".

→ Lc 22,19-20

Jesús celebra con sus discípulos la última cena

Lc 22,14–20

¿Qué es lo que más te ha sorprendido del texto sobre la última cena?

- Que Jesús se alegrara de celebrar con sus discípulos.
- Que Jesús supiera que iba a padecer y morir.
- Que Jesús les dijera explícitamente a sus apóstoles que hicieran eso en su conmemoración.
- Que el pan partido sea su cuerpo.

- ____

¿Qué es lo que te parece más importante?

- Que Jesús se alegrara de celebrar con sus discípulos.
- Que Jesús supiera que iba a padecer y morir.
- Que Jesús les dijera explícitamente a sus apóstoles que hicieran eso en su conmemoración.
- Que el pan partido sea su cuerpo.

- ____

¿Qué es lo que significa el texto para ti personalmente?

- Que Jesús se alegra de poder celebrar conmigo.
- Que la misa fue instituida personalmente por Jesús ("Haced esto en conmemoración mía").
- Puedo estar muy cerca de Jesús en la Sagrada Comunión, porque el pan consagrado es realmente su cuerpo.
- Nada. Eso pasó hace 2.000 años y ya todo eso está pasado.

- ____

TENEMOS QUE HABLAR (II).

1

¡Actualización! La confesión

Fundamentos teológicos

La Iglesia del primer milenio observaba de manera especial la admisión a la Eucaristía. Aquel que no estuviera bautizado, no era considerado un miembro pleno y tenía que abandonar la santa Misa tras la liturgia de la Palabra. Este era un catecúmeno, un candidato, un aspirante al Bautismo. Del mismo modo que hoy en día, cuando un adulto quiere hacerse cristiano, se le administra el Bautismo, la Confirmación y la Primera Comunión a la vez. De quien de esta manera recibe la gracia, se espera un cambio radical de vida. El Bautismo elimina todos los pecados, la Confirmación te da el don del Espíritu Santo y la Comunión la unidad con Jesucristo y con toda la Iglesia. **Y → 226**

El que luego cometía pequeños pecados, intentaba repararlo por medio de la oración, la limosna y el ayuno. Pero el que cometía un asesinato o adulterio, quien negara de su fe, tenía que hacer penitencia pública. La confesión se realizaba delante del obispo y de toda la comunidad, y empezaba a ser un penitente. Esto significaba que estabas excluido de recibir la Comunión durante años o, algunas veces, durante toda la vida. Al principio, la readmisión solo podía darse una vez en la vida. A menudo, esto se encontraba unido a otras cargas sociales o económicas. En los primeros años del cristianismo eran muy sensibles a la conciencia de que el pecado supone un alejamiento de Dios y que un pecado mortal rompe realmente tu unión con Dios.

Por supuesto que Dios ama a todas las personas, también a los pecadores. Y Jesús dice: "No he venido a llamar a justos, sino a pecadores" (**B → Mc 2,17**). Todos conocemos la parábola de la oveja perdida, a la que el pastor sale a buscar para salvarla (**B → Lc 15,4-7**). Y todos sabemos: Jesús es este buen pastor. Pero no podemos entender mal esta parábola. No significa: "Puedes hacer todas las tonterías que te dé la gana, da igual, luego va a salir a buscarte". Porque aquí quedan olvidados dos aspectos: 1. El buen pastor sufre por nuestros pecados, fue crucificado por nosotros y por nuestros pecados: "El buen pastor da su vida por las ovejas" (**B → Jn 10,11**). 2. La oveja también tiene que dejarse encontrar. Tiene que escuchar al pastor y seguir tras él. En esto, Jesús nos ha dado una imagen muy leve, casi cariñosa, de pecador. ¿No nos parecemos, con frecuencia, a cabras testarudas que se alejan cada vez más hasta llegar al precipicio? ¿Y no vemos delante de nosotros el sufrimiento del pastor cuando se estira hacia nosotros con toda la fuerza, lleno de amor y preocupación cada vez que parece que nos vamos a despeñar?

Esta es la separación de Dios por medio del pecado mortal: que persistimos en el pecado, que nos alejamos de Él hasta que ya es demasiado tarde. Porque hay que tener una cosa clara: la historia de la oveja no habría salido bien si hubiera habido un vallado. Nuestra libertad es fundamental en esta historia. La libertad de alejarnos. Jesús no tira sobre nosotros una red para pescarnos. No tiene un fusil con tranquilizantes. Solo tenemos que pararnos. Y este parón es la confesión.

Hay que confesarse de los pecados graves. **Y → 233**

Hay que confesarse antes de recibir la próxima Comunión. Hay que confesarse, al menos, una vez al año. **Y → 234**

Los pecados graves son faltas importantes contra Dios, y también contra el amor al prójimo. Realizados con total conocimiento y con total consentimiento.

Sin lugar a dudas, un pecado grave es el asesinato. También el aborto o el adulterio son pecados graves, así como la blasfemia, como por ejemplo maldecir. **Y → 383, 424, 359**

Algunas conclusiones que están muy extendidas: "Yo eso no lo he hecho, así que no me voy a confesar. Esas cosas no las hacen los niños, por eso ellos no tienen que confesarse". Pero la Iglesia dice que el que ha recibido la Primera Comunión debería ir durante toda su vida al menos una vez al año, y esto no es ninguna traba sino que tiene su sentido. La Confesión necesita una cierta costumbre, y esto es así. Si durante todo el año no has ido, se te va a hacer muy difícil volver a ir. La situación te es poco habitual y los impulsos para no hacerlo van a ser muy fuertes. **Y → 235**

No estamos acostumbrados a hablar sobre nuestra fe. Y mucho menos sobre acontecimientos desagradables o sobre nuestra conciencia. Eso no mola nada. El ideal que nosotros conocemos por los medios de comunicación es el del tipo que hace lo que le da la gana. La situación de vergüenza o arrepentimiento se ha asentado sobre lo que puedes hacer en la sociedad y lo que no. Y ya no somos conscientes de que somos dependientes de las modas y el ambiente, de los dictados sociales y del azar. Inhalamos eso de "lo que se hace y lo que no se hace", y se lo echamos en la cara al otro con total naturalidad, poniendo como pretexto a una locutora de las noticias, a un moderador de un programa, o no sé qué famoso. Eso ya lo han repetido como un loro una, dos o tres personas a nuestro alrededor: "Todos dicen que...", "y ahora hay que...", "es que no se puede...". Cada uno puede imaginarse que todo esto va marcando nuestra conciencia, y no precisamente en la dirección que Dios quiere.

Tenemos que practicar esas cosas que nos ayudan a permanecer junto a Dios. Claro que nosotros pensamos la mayoría de las veces que somos absolutamente inocentes. Pero eso es falso: "Si decimos que no hemos pecado, nos engañamos y la verdad no está en nosotros" (**B → 1 Jn 1,8**). También una acumulación de pequeños pecados puede alejarnos de la verdad con el tiempo, arrastrarnos lejos de Dios. El que se sienta con el propósito de prepararse para confesar, seguro que se le ocurre algo en lo que ha fallado desde la última confesión. También nos pueden ayudar los exámenes de conciencia para agudizar nuestro espíritu para ver mejor cómo vivimos, qué pensamos, cómo es nuestra fe.

Después de habernos mirado, tenemos que discernir si hemos cometido groserías espectaculares o maldades repugnantes. Para algo están los llamados "pecados capitales": soberbia, avaricia, lujuria, pereza, gula, ira y envidia.

El que analiza su vida considerando estos pecados, que se llaman "capitales" porque son la raíz de muchos otros pecados, descubre descendientes de ellos: los vicios.

- ¿Tiendo a tomar por tontos a los que no son de mi opinión?
- ¿Quiero tener siempre lo que los otros tienen?
- ¿Me alegro cuando a uno que tiene más que yo le va fatal?
- ¿Me enfado cuando no se hace mi voluntad?

En el Libro de catequesis para la Confirmación hay un buen examen de conciencia (págs. 99-100). También es muy útil el que aparece en el libro de bolsillo del papa Francisco, *Custodia el corazón* (Romana Editorial, 2015).

SESIÓN 11

CATEGORÍA

El sacramento de la reconciliación: ¿y qué pasa con mis pecados?

Tema y objetivo
En el sacramento de la Reconciliación regresamos a Dios cuando nos hemos alejado de Él por el pecado.

Preparación
- Consigue un Jenga o tembleque, o un juego de hacer torres con ladrillos de madera de cualquier otra marca.
- Fotocopia las hojas con la presentación de la parábola del "hijo pródigo". Si quieres usar unos pañuelos de colores, no olvides traerlos.

Para comenzar
Juega con tus jóvenes a una ronda del juego de construir una torre con ladrillos de madera. Si tienes más tiempo, puedes jugar tres rondas.

Transición

Concluye el juego con la indicación de que nosotros, en nuestra relación con Dios, también lo podemos romper todo de una sola vez, cuando en nuestras decisiones no contamos con Él e ignoramos lo que Él quiere (mira en el Libro de catequesis para la Confirmación sobre el pecado). Afortunadamente Dios nos da muchas posibilidades para volver de nuevo a Él. Jesús nos ha explicado cómo funciona la cosa.

Parábola del hijo pródigo y del padre bueno

Cuenta la parábola (**B → Jn 15,11-32**) y coloca en el orden correspondiente las ilustraciones. Se propone presentar el camino del hijo pródigo a través de la posición de las hojas, en el que se vea cómo el camino baja desde el padre hasta el cuidador de cerdos, y el camino regresa de nuevo hacia arriba. Si te gusta trabajar con pañuelos de color, puedes utilizar colores oscuros para el camino hacia abajo y colores claros para el camino de regreso para destacarlo.

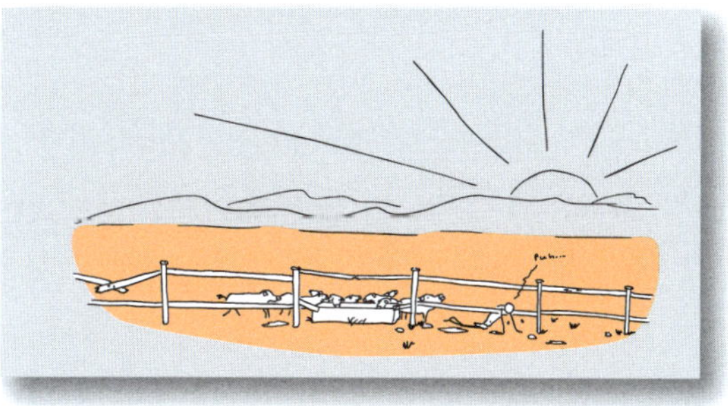

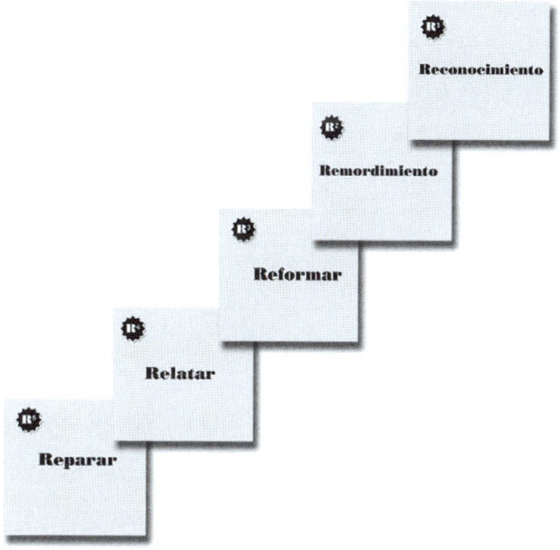

Camino de regreso al padre

Fíjate en concreto, tras el final feliz de la parábola, en el camino de regreso del hijo. Explica a tu grupo que se pueden ver cinco pasos que da el hijo en su camino de regreso al padre. Coloca las tarjetas correspondientes en el camino.

Reconocimiento
El hijo se da cuenta de que la ha fastidiado.
Remordimiento
Está dolido por su comportamiento.
Reformar
Se propone no actuar así en el futuro.
Relatar
Le dice a su padre que la ha fastidiado.
Reparar
Está dispuesto, como consecuencia de su comportamiento, a trabajar como un siervo.

Input: el sacramento de la Reconciliación

Explica el significado de la parábola con unas palabras como estas: "Jesús contó la parábola del hijo pródigo no solo por diversión, sino para enseñarnos algo sobre Dios. Los pasos que da el hijo pródigo de camino de regreso al padre son también los pasos que nosotros podemos dar cuando queremos regresar a Dios después de habernos ido de su casa".

Repasa cada uno de los pasos del hijo pródigo en relación con el sacramento de la Reconciliación. Puedes, además, leer con tus confirmandos **Y → 232**.

Reconocimiento

Antes de decidirse a ir a confesarse y, con ello, regresar a Dios, está el reconocimiento de que me he alejado de Dios. Reflexiono sobre dónde he actuado de manera distinta a lo que Dios desea. En esta investigación de tu interior te puede ayudar un examen de conciencia.

Remordimiento

En realidad, la confesión solo tiene sentido cuando de verdad estoy arrepentido de mi fallo, siento de verdad lo que hecho. Si no es así, me puedo ahorrar todo lo demás.

Reformar

Esto significa que me tomo en serio comportarme de otra manera en el futuro. Porque cuando yo reconozco que algo no fue una buena idea, pero a la vez pienso volver a hacerlo, no ha habido un verdadero arrepentimiento ni piensas reformar tu vida. Que yo vuelva a caer más tarde sin quererlo, es otra cosa. Se trata de tener un firme propósito en ese momento.

Relatar

Seguramente se trata del paso más difícil. Pero es importante que se digan los propios pecados, porque así nos libramos de barrer y esconderlos debajo de la alfombra como si no fueran importantes. Después de un relato sincero viene la absolución del sacerdote, ¡y ya están perdonados tus pecados!

Reparar

Nuestra disposición de reparar aquellos daños materiales e inmateriales que hemos causado (al menos de forma simbólica) se muestra en la penitencia. La mayoría de las veces el sacerdote te pide que digas una oración como penitencia.

Parte con el YOUCAT

Dependiendo de lo receptivos que estén aún tus jóvenes, puedes comentar con ellos las siguientes preguntas:

Y → 228 "¿Quién puede perdonar los pecados?"
Y → 233 "¿Qué pecados hay que confesar?"
Y → 238 "¿Puede un sacerdote contar a otras personas algo que haya conocido en la confesión?"

Terminamos con una oración

¿Qué dios es como tú?

¿Qué dios es como tú,
que me disculpas mis faltas
y perdonas a tu pueblo la injusticia?
No mantienes para siempre
lo que te he hecho
porque tú amas ser misericordioso.
Volverás a compadecerte de mí
y aplastarás mi culpa.
Sí, tú arrojas nuestros pecados
a la profundidad de los mares.
Manifestarás tu lealtad y tu bondad,
como has prometido
a aquellos que creen en ti
desde tiempos inmemoriales hasta hoy.
Amén.

Según Miqueas 7, 18-20

SESIÓN

11

CATEGORÍA

El sacramento de la reconciliación: ¿y qué pasa con mis pecados?

Tema y objetivo
En el sacramento de la Reconciliación regresamos a Dios cuando nos hemos alejado de Él por el pecado.

Preparación
- Consigue un Jenga o tembleque, o un juego de hacer torres con ladrillos de madera de cualquier otra marca.
- Fotocopia las hojas de trabajo "El hijo pródigo escribe un libro de autoayuda" y "El método R5" para cada confirmando y recórtalas unas de otras.

Para comenzar
Juega con tus jóvenes a una ronda del juego de construir una torre con ladrillos de madera. Si tienes más tiempo, puedes jugar tres rondas.

Transición
Concluye el juego con la indicación de que nosotros, en nuestra relación con Dios, también lo podemos romper todo de una sola vez, cuando en nuestras decisiones no contamos con Él e ignoramos lo que Él quiere (mira en el Libro de catequesis para la Confirmación sobre el pecado). Afortunadamente Dios nos da muchas posibilidades para volver de nuevo a Él. Jesús nos ha explicado cómo funciona la cosa.

Parte con la Biblia
Lee con tus confirmandos la parábola del hijo pródigo y el padre bueno (B → **Lc 15,11-32**).

Trabajo en grupo
Haz dos o tres grupos pequeños y dales la hoja de trabajo "El hijo pródigo escribe un libro de autoayuda". Los confirmandos tienen que pensar qué cinco pasos ha dado el hijo hacia la reconciliación con el padre y cómo podría denominar en el libro cada paso utilizando siempre la misma letra para empezar.

Intercambio
Que cada grupo presente sus resultados.

El método R5
Reparte la hoja "El método R5" y preséntales cada uno de los pasos:

Reconocimiento
Me doy cuenta de que la he fastidiado.
Remordimiento
Lo siento de verdad
Reformar
Mejor no lo vuelvo a hacer en adelante.
Relatar
Confieso que he metido la pata.
Reparar
Estoy dispuesto a repararlo, aunque posiblemente sea algo un poco incómodo.

Input: el sacramento de la Reconciliación
Explica el significado de la parábola con unas palabras como estas: "Jesús contó la parábola del hijo pródigo no solo por diversión, sino para enseñarnos algo sobre Dios. Los pasos que da el hijo pródigo de camino de regreso al padre son también los pasos que nosotros podemos dar cuando queremos regresar a Dios después de habernos ido de su casa".

Parte con el YOUCAT: la reconciliación
Comenta con tus confirmandos, de manos de la pregunta **Y → 232** del YOUCAT (¿Qué debo hacer en una confesión?) qué significado práctico puede tener el método R5:

Reconocimiento
Antes de decidirse a ir a confesarse y, con ello, regresar a Dios, está el reconocimiento de que me he alejado de Dios. Reflexiono sobre dónde he actuado de manera distinta a lo que Dios desea. En esta investigación de tu interior te puede ayudar un examen de conciencia.

Remordimiento
En realidad, la confesión solo tiene sentido cuando de verdad estoy arrepentido de mi fallo, siento de verdad lo que he hecho. Si no es así, me puedo ahorrar todo lo demás.

Reformar
Esto significa que me tomo en serio comportarme de otra manera en el futuro. Porque cuando yo reconozco que algo no fue una buena idea, pero a la vez pienso volver a hacerlo, no ha habido un verdadero arrepentimiento ni piensas reformar tu vida. Que yo vuelva a caer más tarde sin quererlo, es otra cosa. Se trata de tener un firme propósito en ese momento.

Relatar
Seguramente se trata del paso más difícil. Pero es importante que se digan los propios pecados, porque así nos libramos de barrer y esconderlos debajo de la alfombra como si no fueran importantes. Después de un relato sincero viene la absolución del sacerdote, ¡y ya están perdonados tus pecados!

Reparar
Nuestra disposición de reparar aquellos daños materiales e inmateriales que hemos causado (a menos de forma simbólica) se muestra en la penitencia. La mayoría de las veces el sacerdote te pide que digas una oración como penitencia.

Parte con el YOUCAT II: la reconciliación
Luego, leed todos juntos la pregunta **Y → 228** ("¿Quién puede perdonar los pecados?") en relación con la pregunta **Y → 233** ("¿Qué pecados hay que confesar?"). Seguramente también sea interesante para los confirmandos la pregunta **Y → 238** ("¿Puede un sacerdote contar a otras personas algo que haya conocido en la confesión?").

Terminamos con una oración

¿Qué dios es como tú?
¿Qué dios es como tú,
que me disculpas mis faltas
y perdonas a tu pueblo la injusticia?
No mantienes para siempre
lo que te he hecho
porque tú amas ser misericordioso.
Volverás a compadecerte de mí
y aplastarás mi culpa.
Sí, tú arrojas nuestros pecados
a la profundidad de los mares.
Manifestarás tu lealtad y tu bondad,
como has prometido
a aquellos que creen en ti
desde tiempos inmemoriales hasta hoy.
Amén.
Según Miqueas 7, 18-20

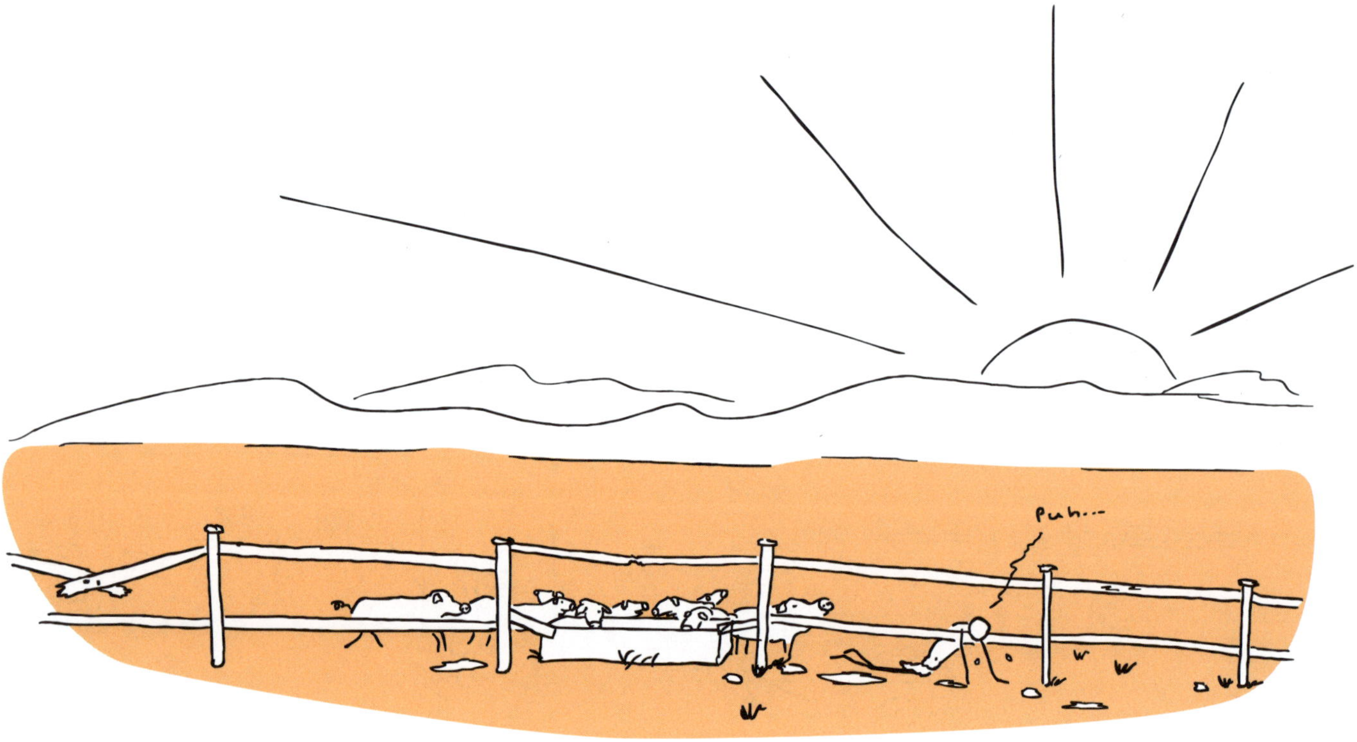
Puh...

R1

Reconocimiento

R2

Remordimiento

R3

Reformar

R4

Relatar

R5

Reparar

Para notas

Por favor, no ensuciar este apartado.

Un año después, el hijo pródigo escribe un libro de autoayuda basándose en su propia experiencia: *Cómo salir cuando meto la pata. Cinco pasos sencillos para vivir mejor.*

Tarea: Pensad qué cinco pasos dio el hijo pródigo hacia la reconciliación con el padre y cómo podría llamar cada uno de los capítulos de su libro.

Reconocimiento
Me doy cuenta de que la he fastidiado.

Remordimiento
Lo siento de verdad.

Reformar
Mejor no lo vuelvo a hacer en adelante.

Relatar
Confieso que he metido la pata.

Reparar
Estoy dispuesto a repararlo, aunque posiblemente sea algo un poco incómodo.

¡Gratis y disponible en cualquier momento en tu parroquia, o en cualquier otra, conventos o comunidades!

SESIÓN ESPECIAL R

CATEGORÍA

El día de la reconciliación

Tus confirmandos deben prepararse para la Confirmación con una Confesión. Por así decirlo, "borrón y cuenta nueva" antes de recibir el sacramento. Para evitar los típicos problemas con la Confesión, te proponemos que preparares una tarde de confesiones con tus jóvenes.

Ya que una tarde necesita más preparación que una simple sesión de catequesis, es importante que no solo participe tu grupo, sino todos los confirmandos de vuestra parroquia.

Organización

Varios sacerdotes
Organiza para la tarde de confesiones a sacerdotes apropiados. Es importante que los jóvenes tengan la posibilidad de elegir entre varios confesores. Es útil que haya al menos un sacerdote que los confirmandos no conozcan personalmente.

Ofrecer varias formas externas
Encárgate de que se ofrezcan distintos lugares para confesarse. Para ajustarse a las distintas formas de ser de los jóvenes, es importante tanto la posibilidad de que se logre un diálogo en la confesión en el que el sacerdote y el confirmando puedan verse, como también ofrecer la confesión en un confesionario.

Crear una atmósfera con la luz
Procura en la iglesia una atmósfera tranquila y que invite al recogimiento. Puedes hacerte con unos focos para iluminar de colores las columnas. La delegación de juventud o las asociaciones de jóvenes de tu región te pueden ser de ayuda o incluso podrían prestártelos ellos mismos. La experiencia de algunos grupos tipo "nightfever" te puede ayudar.
Además, la iglesia debería estar iluminada con velas para crear en conjunto una atmósfera cálida.

Música y oraciones
Organiza música que acompañe esta tarde de confesiones. La música de alabanza moderna se adecúa bastante. Entre las canciones se pueden intercalar oraciones o algunas meditaciones leídas, como las del Libro de oraciones del YOUCAT.
El acompañamiento musical tiene además la ventaja práctica de que genera un "ruido de fondo" de manera que los confirmandos no tendrán el miedo de que alguien les escuche en la confesión.

PREPARACIÓN DE LOS CONFIRMANDOS

El tema de la confesión tiene que haberse dado ya con los confirmandos. Fotocópiales la hoja "YOUCAT. GUÍA PARA LA CONFESIÓN" y comenta con ellos cómo se desarrolla básicamente la confesión.
La hoja YOUCAT. GUÍA PARA LA CONFESIÓN consta de un examen de conciencia y de unas instrucciones para la confesión en la página siguiente. Haz unas fotocopias por las dos caras para los confirmandos, puedes doblarlas como un folleto dejando la palabra YOUCAT como portada.

Compromiso
Para evitar que los jóvenes que ya se hayan confesado queden al descubierto (y los otros piensen que se han saltado algo importante) tienes que comprometer a todos los miembros del grupo a tener una conversación con el sacerdote esa tarde de confesiones.
Es importante dejar claro a los confirmandos que nadie puede saltarse la confesión, porque puede ser que haya gente que se haya confesado ya voluntariamente. Quien no se quiera confesar, debe acercarse en la celebración a algún sacerdote y exponerle por qué no se quiere confesar (avisa a los sacerdotes presentes de esta posibilidad).

DESARROLLO DE LAS CONFESIONES

Para comenzar haced juntos alguna pequeña oración y cantad algún canto. Si quieres decir algún comentario de carácter organizativo, hazlo en este momento.

Presentación de los sacerdotes
Luego deben presentarse los confesores (¡brevemente!) para que los jóvenes tengan una primera impresión sobre ellos. También deben mencionar dónde van a estar en la Iglesia para administrar el sacramento de la Reconciliación.

Marcar un horario
Toda la celebración del sacramento debe respetar una duración determinada, de manera que los confirmandos puedan irse a casa después del final oficial. Los jóvenes que después de este tiempo quieran seguir confesando deben poder hacerlo sin problemas. Si el número de confirmandos es demasiado elevado para hacer una celebración de este tipo y que resulte práctica, ofrece dos o más celebraciones.

1.

El objetivo de la Confesión es hacer borrón y cuenta nueva con Dios. Échate una mirada a ti mismo y a tu vida y piensa qué cosas hay entre tú y Dios. Ahora es el momento para arreglarlo todo. El siguiente examen de conciencia puede ayudarte a ser sincero contigo mismo y con tu relación con Dios:

No es pecado disfrutar de las cosas hermosas de la vida, pero sí convertirlas en mis dioses y querer conseguirlas a cualquier precio.

No es pecado ganar mucho dinero, pero sí que el bienestar se convierta en todo para mí. Y tener miedo a perder mi vida si comparto y me compadezco de otros.

No es pecado reclamar mis derechos, pero sí abusar de mis derechos, volverme desconsiderado y duro de corazón o menospreciar los derechos de los otros.

No es pecado sentir deseos e impulsos sexuales, pero sí dejarme dominar por mis instintos o utilizar a otros para satisfacer mis ansias sexuales.

No es pecado que haya otras personas que no me resulten simpáticas, pero sí tratarlas como si no fueran, como yo, hijos amados de Dios.

No es necesariamente pecado criticar a otras personas, pero sí hacerlo de forma irreflexiva o descuidada y con ello desacreditar o herir a otras personas.

No es propiamente pecado experimentar en mí la envidia, la ira o la alegría por el mal ajeno, pero sí no intentar superar estos sentimientos o dejarme llevar por ellos en mis acciones.

No es pecado hablar de otras personas, pero sí contar, de forma irreflexiva o malévola, cosas malas de otras personas.

No es pecado callar en situaciones de conflicto, pero sí callar cuando otros son humillados, calumniados o víctimas de mentiras.

No es pecado discutir con alguien, pero sí buscar camorra, no escuchar a otros, no ocuparme de ellos, negarme a la reconciliación.

No es pecado que mi corazón se queda vacío a menudo en la oración, pero sí que no valore el tiempo de oración o ni siquiera me tome la molestia de abrirme a Dios y escuchar su palabra.
No es pecado tener dudas de fe, pero sí separarme de la comunión de los creyentes, no participar regularmente de la Eucaristía, dar más valor a lo terrenal que a lo espiritual.

No es pecado hacer planes para mi vida, pero sí no dejar espacio para mi fe en Dios, que no me interese el hecho de que mi vida está cada día en sus manos.

DEL FOLLETO "SÜNDE IST... DIE LIEBE LEUGNEN", REDACTOR: BERNHARD RIEDL, ARZOBISPADO DE COLONIA, 2008.

ORIGINAL

YOUCAT

INSTRUCCIONES PARA LA CONFESIÓN

Ahora vamos a ir al grano: ha llegado el momento en el que permites a Dios que arregle tu corazón. Y cuanto más sincero seas, más clara y madura será tu fe. Esto funciona así:

Tú vas al confesionario o al lugar donde esté confesando el sacerdote.

El sacerdote te saluda.

Tú te persignas y dices: “En el nombre del Padre, y del Hijo y del Espíritu Santo”.

El sacerdote puede hacer ahora una pequeña oración.

Tú terminas la oración con “Amén”.

Tú puedes empezar la confesión con una referencia a tu última confesión: “Mi última confesión fue hace unos...” para ayudar al sacerdote a que valore tu situación.
Entonces puedes decir las cosas de las que quieres confesarte. Si hay alguna cosa que no tienes del todo claro, puedes preguntarle al sacerdote durante la confesión. Él te ayudará cuando estés inseguro.

Tú mismo puedes terminar la confesión con algo como “De todo esto me arrepiento. Quiero empezar de cero con Jesús”.

El sacerdote te dará algunas indicaciones de cómo mejorar algunas de esas cosas en el futuro.

El sacerdote te dará una tarea como signo de tu penitencia, en la mayoría de los casos se trata de una oración.

El sacerdote pronuncia la absolución que te libera de tus pecados:

Dios, Padre misericordioso, que reconcilió consigo al mundo por la muerte y la resurrección de su Hijo y derramó el Espíritu Santo para la remisión de los pecados, te conceda, por el ministerio de la Iglesia, el perdón y la paz. Y yo te absuelvo de tus pecados en el nombre del Padre y del Hijo y del Espíritu Santo.

Tú respondes mientras te persignas: “Amén”.

El sacerdote dice: *“Tus pecados están perdonados. Ve en paz”.*

Tú respondes “Amén”.

Después de la confesión puedes quedarte un rato en silencio en la iglesia y darle gracias a Dios, con tus propias palabras, por darte su perdón.

YOUCAT

TU GUÍA PARA LA CONFESIÓN

YOUCAT LIBRO DE CATEQUESIS PARA LA CONFIRMACIÓN

12

Ir al grano.

¿Qué sucede en la Confirmación?

Fundamentos teológicos

Esto se puede ver en muchos partidos de fútbol: el entrenador manda salir al campo a un jugador. Y → **203**

Salimos al campo de la vida. En algún momento hay que salir. Más de una niña ha tenido que cuidar a su hermano pequeño desde muy pronto y asumir responsabilidades. Un alumno de 14 años ya puede ser un aprendiz. El bachiller no estará suficientemente maduro y con la energía suficiente hasta dentro de unos cuatro años, hasta que tenga entre sus manos el título universitario. En la Confirmación se habla de la "mayoría de edad" espiritual, un confirmando no es ya un niño, sino que se ha hecho un joven.

Ahora es válido para hacer realidad la gracia de su Bautismo. El confirmando dice un "sí" a Dios, un "sí" al Espíritu Santo. Acepta la gracia bautismal conscientemente. Tampoco es que haya vivido hasta ahora sin el Espíritu Santo, ya está bautizado y ha recibido la Primera Comunión. Pero esta acogida explícita del Espíritu Santo la conocemos ya en el Nuevo Testamento: Jesucristo ya está dotado per se por su divinidad de la fuerza del Espíritu Santo, pero se deja bautizar por Juan en el Jordán: el Espíritu de Dios viene sobre Él, y el Padre pronuncia su "sí" a Jesús, su Hijo.

Este "sí" a dos bandas ocurre en la Confirmación, es como un contrato indisoluble, te marca con un sello que no se puede perder, que solo se puede recibir una vez y que marca a esa persona para siempre, un contrato para la eternidad. Y → **205**

Tras el Bautismo en el Jordán, sucedió algo en Jesús: comenzó con su vida pública. Del mismo modo ocurrió con los apóstoles el día de Pentecostés: después de que descendió el Espíritu Santo sobre ellos, se echaron a las calles y empezaron a predicar. Se dice que es el nacimiento de la Iglesia. Y → **202**

De la misma manera es enviado ahora el confirmado. Este participa ahora del envío del Hijo de Dios y del envío de la Iglesia. La Iglesia ve a cada cristiano como a un luchador. Quiere que el cristiano sea un testigo del amor de Dios. Pero la Iglesia no podría ser fiel a Jesucristo si Él no nos diera su Espíritu.

Este Espíritu Santo lo recibe cada uno de los cristianos en el Bautismo. El confirmando dice un "sí" a Dios. La Confirmación da plenitud a los efectos del Espíritu Santo. Pero ¿quién es el Espíritu Santo? La cristiandad cree en el Dios Trinidad: Padre, Hijo y Espíritu. El Espíritu une al Padre y al Hijo en el amor. En esta comunidad de amor participamos como cristianos. Por eso la Confirmación une a los cristianos bautizados más íntimamente con la Iglesia. Recibe el Espíritu Santo como fortalecimiento (en latín: confirmatio). Por eso reciben los jóvenes la Confirmación, cuando empiezan a actuar más fuertemente dentro de la comunidad y hacia fuera.

Pero la efectividad de la Confirmación no depende de la madurez del candidato. Dios mismo actúa en el sacramento.

¿Qué sucede en la Confirmación? A continuación explicamos de manera un poco más detalla el rito de la Confirmación, el núcleo de la celebración y luego describimos el rito. Por tanto, en primer lugar el rito y su significado:

Renovación de las promesas del Bautismo y profesión de fe
Pronuncias tu "sí" a Dios y tu "no" a Satanás. Profesas tu fe delante del obispo y de toda la comunidad reunida. Así como tu compromiso de mantenerte firme en la fe tras la Confirmación.

Imposición de las manos
Ya los apóstoles extendieron sus manos para administrar la Confirmación, la administración del Espíritu Santo. El obispo pide a Dios el Espíritu Santo para los que se confirman. Y lo llama con los siete dones del Espíritu Santo: "Espíritu de sabiduría y de entendimiento, de consejo, de ciencia y fortaleza, Espíritu de piedad y temor de Dios".

Unción con el crisma
El crisma es un aceite de oliva bendecido y un bálsamo aromático. El aceite es en la Biblia, pero también en la Antigüedad, un signo de abundancia y de alegría, limpia y sana, cicatriza y alivia los dolores. El óleo da belleza, salud y fortaleza. El crisma se consagra en una Misa en concreto una vez al año: la Misa Crismal el miércoles de Semana Santa.

- Se unge con crisma en el Bautismo, la Confirmación y en la Ordenación sacerdotal.
- La unción con el santo crisma es signo de una consagración: los reyes eran ungidos en el Antiguo Testamento, Cristo fue ungido, por eso se llama cristo=ungido, porque "Dios lo ha ungido con el Espíritu Santo" (B → **Hechos de los Apóstoles**). Como cristianos también somos ungidos, unidos a Cristo y llenos del Espíritu Santo para que nuestra vida extienda "el buen olor de Cristo" (B → **Segunda Carta a los Corintios**).
- El obispo moja su dedo pulgar derecho en el crisma y hace sobre la frente del confirmando una cruz. Este es el momento en el que quedas marcado por el sello del Espíritu Santo. Nadie puede borrarlo, nadie puede repetirlo. Es para siempre. Una marca con fuego se puede cortar o falsear, el lacre puede rasgarse o romperse, un cuño puede pintarse por encima, y un tatuaje se puede quitar con láser. La marca indeleble del Espíritu Santo no puede eliminarse de ninguna manera.
- Este sello del Espíritu Santo significa que perteneces a Cristo, te has puesto a su servicio para siempre y Él te protegerá al final de los días.

Saludo de la paz
Es signo de la unión que tienes de ahora en adelante con el obispo y con todos los creyentes.

Ahora pasamos al rito de la celebración de la Confirmación. Es importante que se vuelva a repetir también el rito de la Santa Misa, así como se hizo cuando se preparaban para la Primera Comunión y recordar también cuál es la actitud que hay que tener en una celebración. Ahora sí, el rito de Confirmación:

Celebración de la Confirmación
En el marco de una celebración eucarística, el obispo o un vicario administra la Confirmación después del Evangelio.
Primero pronuncia el obispo la homilía.
Luego escucha la profesión de fe de los confirmandos.
El obispo pregunta a los confirmandos: **¿Renunciáis a Satanás y a todas sus seducciones?**
Los confirmandos responden a la vez: **Sí, renuncio.**
El obispo: **¿Creéis en Dios, Padre todopoderoso, Creador del cielo y de la tierra?**
Los confirmandos: **Sí, creo.**
El obispo: **¿Creéis en Jesucristo, su único Hijo, nuestro Señor, que nació de Santa María Virgen, murió, fue sepultado, resucitó de entre los muertos y está sentado a la derecha del Padre?**
Los confirmandos: **Sí, creo.**
El obispo: **¿Creéis en el Espíritu Santo, la santa Iglesia católica, la comunión de los santos, el perdón de los pecados, la resurrección de los muertos y la vida eterna?**
Los confirmandos: **Sí, creo.**
El obispo confirma esta confesión como fe de la Iglesia: **Esta es nuestra fe, esta es la fe de la Iglesia, que nos gloriamos de profesar en Jesucristo, Señor nuestro. Amén.**

La comunidad puede manifestar también su aprobación a la confesión de fe de los confirmandos con un canto litúrgico.

El obispo invita a la comunidad a orar, más o menos con estas palabras: **Oremos, hermanos, a Dios Padre todopoderoso y pidámosle que derrame el Espíritu Santo sobre estos hijos de adopción que renacieron ya a la vida eterna en el Bautismo, para que los fortalezca con la abundancia de sus dones, los consagre con su unción espiritual y haga de ellos imagen perfecta de Jesucristo.**

Todos rezan unos minutos en silencio (donde sea posible, arrodíllense durante esta oración).

Luego el obispo impone las manos sobre los confirmandos mientras pronuncia esta oración: **Dios todopoderoso, Padre de nuestro Señor Jesucristo, que regeneraste, por el agua y el Espíritu Santo, a estos siervos tuyos y los libraste del pecado, escucha nuestra oración y envía sobre ellos el Espíritu Santo Paráclito; llénalos de espíritu de sabiduría y de inteligencia, de espíritu de consejo y fortaleza, de espíritu de ciencia y de piedad, y cólmalos del espíritu de tu santo temor. Por Jesucristo, nuestro Señor.**
Todos: **Amén.** **Y → 310**

Un diácono u otro ayudante acerca al obispo el crisma. Los confirmandos se acercan de uno en uno hasta el obispo. Les acompaña una madrina o un padrino de Confirmación. También pueden ir en pequeños grupos ante el obispo. Entonces va el obispo hacia el confirmando que está ante él. La madrina o el padrino pone su mano derecha sobre el hombro del confirmando y pronuncia su nombre. El mismo confirmando también puede decir su nombre.

El obispo moja su dedo pulgar derecho en el crisma, y traza con el pulgar la señal de la cruz sobre su frente mientras dice: **N., recibe por esta señal el don del Espíritu Santo.**

El confirmado: **Amén.**
El obispo: **La paz sea contigo.**
El confirmado: **Y con tu espíritu.**

No estaría mal que les volvieras a explicar el significado de los puntos más importantes de la Confirmación. Posiblemente hasta el mismo obispo puede que les pregunte algo. Y no hay nada más vergonzoso que quedarse callado cuando se ha estado hablando todo el rato de cristianos adultos en la fe y testigos comprometidos. Así que: **Y → 203-207**

¿Qué es la Confirmación?
La Confirmación es el sacramento que completa el Bautismo.
Con la Confirmación te conviertes en un cristiano adulto en la fe.

¿Cuáles son los efectos de la Confirmación?
La Confirmación nos introduce más profundamente en la relación con Dios Padre.
La Confirmación te une más firmemente a Cristo.
La Confirmación aumenta en nosotros el Espíritu Santo.
La Confirmación te une más fuertemente a la Iglesia.
La Confirmación te fortalece para vivir la fe y defenderla.

SESIÓN 12

CATEGORÍA

La Confirmación

Tema y objetivo
Debemos estar abiertos al Espíritu Santo para que la Confirmación tenga efecto en nosotros.
Los confirmandos conocen el rito de la Confirmación.
La Confirmación nos fortalece para ser discípulos de Jesús.

Preparación
- Prepara varios recipientes, una botella o una jarra, film transparente de conservar los alimentos y un cordel.
- Para la Variante necesitas una botella de cola light y un paquete de *Mentos*.
- Fotocopia la hoja de trabajo "Rito de la Confirmación".

Para comenzar:
Pon un poco de agua en varios recipientes y cúbrelos con el film transparente. Pide a tus confirmandos que echen agua de una botella o de otra jarra sin quitar ni romper el film. Después de un par de intentos quita el film y rellénalo de agua.

Alternativa... con un poco de acción
Si quieres empezar con un poco más de diversión, cierra una botella de refresco de cola light con film transparente y pide a los confirmandos que introduzcan un paquete de Mentos sin romper ni quitar el film. Después de unos intentos, quita el film e introduce los Mentos en la cola lo más rápido posible. Ya que la fuente de cola puede ser bastante alta y en cualquier caso bastante pringosa, es importante que hagas esta "variante divertida" al aire libre, sin ponerte tu mejor camiseta y luego lávate bien las manos y la cara.

Input
Explica que tus confirmandos van a recibir en la Confirmación al Espíritu Santo y serán marcados con el sello del Espíritu Santo y, con ello, fortalecidos en la fe. Sin embargo, el Espíritu Santo no actúa contra nosotros ni sin nosotros. Eso significa que tenemos que estar abiertos. Si estamos abiertos al Espíritu, podrá actuar en nosotros y crecer (como el agua en los recipientes), y puede suceder que sea algo realmente sorprendente (como en el caso de los Mentos en el refresco de cola).

Parte con el YOUCAT
Leed ahora todos juntos el YOUCAT **Y → 203** ("¿Qué es la Confirmación?").

Hoja de trabajo sobre el Rito de la Confirmación
Explica sobre la base de la hoja de trabajo del material el desarrollo de la confirmación y da a los jóvenes la oportunidad de volver a hacer preguntas. Llegado el caso, puedes también contar la experiencia de tu propia confirmación.

Parte con la Biblia
Leed juntos **B → Mt 28,16-20.**

Input
Explica a tus confirmandos que la misión de Jesús también va a recaer sobre ellos. Como cristianos pertenecen al grupo de los amigos de Jesús que deben hacer discípulos de Jesús a todas las personas. La Confirmación les fortalece y empuja para esta misión.

Intercambio
Intercambiad ahora vuestras ideas de cómo podéis participar de manera realista en esta misión de Jesús.

Terminamos con una oración

Envíame
¿A quién enviaré?
Aquí estoy, Señor,
¡envíame a mí!
ISAÍAS 6,8

Envíame, Señor,
a donde tú quieras,
porque si eres tú el que me envías
estoy totalmente seguro
de que, allí donde esté,
tú me vas a ayudar
a cumplir tu misión.
Amén.
FRANCISCO DE SALES

Ritual de la Confirmación

Obispo: **¿Renunciáis a Satanás y a todas sus seducciones?**

Confirmandos (a la vez): **Sí, renuncio.**

Después de lo negativo viene lo positivo:

Obispo: **¿Creéis en Dios, Padre todopoderoso, Creador del cielo y de la tierra?**

Confirmandos: **Sí, creo.**

Obispo: **¿Creéis en Jesucristo, su único Hijo, nuestro Señor, que nació de Santa María Virgen, murió, fue sepultado, resucitó de entre los muertos y está sentado a la derecha del Padre?**

Confirmandos: **Sí, creo.**

Obispo: **¿Creéis en el Espíritu Santo, la santa Iglesia católica, la comunión de los santos, el perdón de los pecados, la resurrección de los muertos y la vida eterna?**

Confirmandos: **Sí, creo.**

Entonces el obispo confirma vuestra confesión de fe:

Obispo: **Esta es nuestra fe, esta es la fe de la Iglesia, que nos gloriamos de profesar en Jesucristo, Señor nuestro. Amén.**

Después viene la invitación a la oración de todos. Es un poco como en Pentecostés, cuando la joven Iglesia se reunió alrededor de María y pedía intensamente la venida del Espíritu Santo. Ya lo conocéis: poco después aparecieron las lenguas de fuego. El obispo invita por tanto a la comunidad a orar, más o menos con estas palabras:

Obispo: **Oremos, hermanos, a Dios Padre todopoderoso y pidámosle que derrame el Espíritu Santo sobre estos hijos de adopción que renacieron ya a la vida eterna en el Bautismo, para que los fortalezca con la abundancia de sus dones, los consagre con su unción espiritual y haga de ellos imagen perfecta de Jesucristo.**

Todos rezan unos minutos en silencio. Piden con toda la intensidad del corazón. Para ello lo mejor es arrodillarse, porque de rodillas se puede orar con mayor intensidad.

Luego el obispo impone las manos sobre los confirmandos. Con este gesto el obispo quiere reunir las oraciones íntimas de todos y expresarlas en alto. Para ello dice las siguientes palabras:

Obispo:	**Dios todopoderoso, Padre de nuestro Señor Jesucristo, que regeneraste, por el agua y el Espíritu Santo, a estos siervos tuyos y los libraste del pecado, escucha nuestra oración y envía sobre ellos el Espíritu Santo Paráclito; llénalos de espíritu de sabiduría y de inteligencia, de espíritu de consejo y fortaleza, de espíritu de ciencia y de piedad, y cólmalos del espíritu de tu santo temor. Por Jesucristo, nuestro Señor.**
Todos:	**Amén (Es decir, así es, así lo creemos).**

Después viene el momento propio de la Confirmación. Un diácono u otro ayudante acerca al obispo el crisma.

Los confirmandos se acercan de uno en uno hasta el obispo. Les acompaña una madrina o un padrino de Confirmación.

En el momento de la Confirmación la madrina o el padrino pone su mano derecha sobre tu hombro y pronuncia tu nombre. A veces es el mismo confirmando a quien se le pide que diga su nombre.

El obispo moja su dedo pulgar derecho en el crisma, pone su mano sobre tu cabeza y traza con el pulgar la señal de la cruz sobre tu frente.

El obispo pronuncia tu nombre y dice:

N., recibe por esta señal el don del Espíritu Santo.

Tu respuesta es:

Amén.

Es lo mismo que decir:
Sí, así es. Así lo creo. Estoy de acuerdo.

El obispo dice entonces:

La paz sea contigo.

Y tú respondes

Y con tu espíritu.

Con esto quedas confirmado.

Última página

Referencias para los materiales

El capítulo Bart en suspenso se encuentra en el *pack* de *Los Simpson*. 1ª temporada.
El capítulo Homer, el hereje se encuentra en el *pack* de *Los Simpson*. 4ª temporada.
El capítulo "Un dios entre nosotros" se encuentra en el *pack* de *Futurama*. 3ª temporada.
Todas las colecciones de las series como la película *Como Dios* se pueden comprar o alquilar.
La película *Most - El puente* se puede pedir online en: **www.mostthemovie.com**
El libro de William P. Young *La cabaña* se puede encontrar en las librerías.
El juego "Reli-Tabú" se puede pedir en la Delegación de Juventud del Arzobispado de Múnich y Frisinga, Preysingstr. 93, 81667 Múnich (**www.eja-muenchen.de/nc/shop/verschiedenes.html**).

Grupos de fe

Información sobre los cursos Alfa: **www.spain.alpha.org**
Información sobre los cursos de fin de semana "Vida nueva": **www.evangelizacion.com/primera_etapa.php**

Bibliografía de la edición original en alemán

Steven Case, *Toons that teach. 75 cartoon moments to get teenegers talking*, Grand Rapids 2005.
Owen Smith, *Mixing it up with the Simpsons. 12 sessions about faith for 9-13s*, Londres 2007.
Lee Strobel, *Was würde Jesus zu Bart Simpson sagen?*, Asslar 1995.
Leo Tanner / Dominik Gnirs, Mit Power leben. *Ein Glaubenskurs für Jugendliche*, Eggersriet 2010.
Roland Werner (ed.), *What would Jesus do? Mitarbeiterhandbuch*, Wuppertal / Kassel 1999.
Jugendalpha. *Handbuch für Leiter und Mitarbeiter*, Asslar 2005.

Referencias del texto

La Escuela de Oración, así como las oraciones de las páginas 88, 90 y 101 proceden de: Gerorg von Lengerke / Dörte Schrömges (Eds.), YOUCAT Jugendgebetbuch, Múnich 2011.
Para los textos bíblicos: Sagrada Biblia. Versión de la Conferencia Episcopal Española, Biblioteca de Autores Cristianos, Madrid 2014.
Para los textos del Concilio Vaticano II: Concilio Ecuménico Vaticano II, Biblioteca de Autores Cristianos, Madrid 1999.

Agradecimiento por la colaboración en el curso de catequesis para Confirmación

Les damos las gracias a las siguientes personas por la preparación de las sesiones de catequesis para este curso, sin cuyo trabajo no habríamos llegado a término:

Florian Kopp
Richard Pfefferle
Florian Schmutz

Les damos las gracias por sus indicaciones sobre el concepto y método del curso de catequesis de Confirmación:

Simon Lipp
Michael Papenkordt
Barbara Müller

Un agradecimiento especial por la elaboración de los fundamentos teológicos, por lo tanto, de la base de todo el curso:

Michael Widmann